DER TROJANISCHE PEGASUS

ANDREAS REIMANN

DER TROJANISCHE PEGASUS

150 AUSGEWÄHLTE GEDICHTE

1957–2006

In Verbundenheit
Andreas Reimann
März 09

LESEND DIE VERSE, DIE ICH DAMALS SCHRIEB

Waren die verse, geschrieben
in eines beflissenen schülers
unverlogener schrift,
einfach nur dumm, wie's des volkes mund
bedenkenlos nachsagt dem brot?

Vor der geschichte steht da als der dumme,
der unwissend war.
Dies aber sagt der belehrte. Und so
ist da kein grund, sich zu schämen der worte, 5
der heitren, von einst, als ich narr noch nicht brauchte
die hoffnung: ich war mir der weitrung gewiß.

Und irrte. Und daß in den knast ich geriet,
das kam, weil heraus ich posaunte
diese gewißheit. Und daß ich hernach
blieb im vermodernden lande,
das kam von dieser gewißheit. O ja,
als herkules plötzlich sich seiner besann,
dachte ich: jetzt wird er säubern den stall!
Und hatte vergessen: er hatte das brot
dumm genannt... Da war die ebne
geflutet schon, und die gewißheit ging baden.
Über dem niemands-wasser
einschwebte die hoffnung, die lispelt:
es wird schon weitergehn!, statt:
so geht es nicht weiter!

Und all die verse, geschrieben
in eines beflissenen schülers
unverlogener schrift,
sind gealtert zur utopie.

Ich seh es nicht ohne bedauern.
Aber vielleicht
kehrt von den worten
unerwartet nach jahr und tag
das eine oder das andre
in seine bedeutung zurück

(2002)

STURM

Tosend und krachend und berstend es schallt.
Es weicht die düne der gewalt.
Der deich, er bricht.
Die see verändert ihr gesicht
und brüllend flutet das wasser in's land,
zerstört das werk von menschenhand,
zerbricht den damm, zerstört das haus.
Und weiter stürmt es mit gebraus.

Bis endlich der Sturm, an felseswand
zerschellend, seinen bezwinger fand.

(1957)

WEGSUCHE
(1961–1963)

WEGSUCHE

Dem grunde zu: die urzeitsedimente
der herzen schürfen, unterm letternschlamm
und redeströmen und entfremdungseis
den ursprung finden, suchend bis zum ende
der möglichkeiten, und den starren damm
der vorurteile wegspüln mit dem schweiß
der schweren stirnen, bis sich offenbart
der regenbogen über dem gebiet,
dem unbekannten: also tätig sein,
dies heißt bestand in unsrer gegenwart.
Stets ists gebären schmerzensreich und schwer,
und vor des kindes erstwort dröhnt sein schrein.

Hier leb ich. Irr ich. Blutig abgenabelt
von mutter kriegsangst, bin ich gänzlich frei
von dem komplex des königs ödipus.
Es sei mein credo in die welt gekabelt:
hier leb ich. Such ich. Finde mich dabei.
Ich lieb dies land. Ist hier nicht denken pflicht?
Und dies ist höchster menschlicher genuß.

SONNENAUFGANG

Noch schmilzt der himmel über uns sehr blau,
doch schwimmt er fern schon im orangenlicht
der krokusfrühe. Wieder übergeht
der farbenwelle taubensanftes grau
ins knospengrün. Das meeresprisma bricht
die strahlung glitzernd, streut sie fächernd breit.
Und wolkenmoos blüht violett, so ganz
von eines herbstes zartem pflaumenreif.

Und dies bestaunend, seh ich und begreif:
die scholle meereis blaßt hinweg und taut,
weil da kein nachtwall mehr den lichtstrom staut.
Und da der himmel sich zur landschaft biegt,
durch die der sonne strahlenrad nun reist,
ist dies bewiesen: daß da unterliegt
die dunkelheit, wie immer sie auch heißt.

GLEISLEGER

Die sonne: gläsern, blaß tanzt sie am tag
in diesen traumlos-kühlen himmel hoch,
daß jäh zerreißt des nebels spinnwebtüll.
Ein schornsteinmund mit warmem rauchwindschlag
haucht in des himmels eis ein atemloch.
Der teppich schnee macht unsre schritte still.

Der blick durchs prisma eines schneesterns trügt.
Denn dieser winter ist kein daunenstrand,
kein zauberwald, von glasstaubschnee geweißt.
Indes des atems schleierfahne fliegt,
ziehn wir, der hacken waffen in der hand,
in eine schlacht, die uns bewährung heißt.

Der brenner zischt, wenn er die schiene küßt.
In unsern wattepanzern wird uns heiß.
Hart klirrt der stahl, den unser meißel trifft.
Doch unterm feuer schmilzt das eisgerüst,
das gleisgefüge auseinanderreißt,
und zitterblaß verlischt des frostes schrift.

Wir aber brechen erde, hart wie glas,
verlegen schienen, zäh, verbissen, still:
Für große reden ist zu mittag zeit.
Die stunden messend nach dem schwellenmaß,
kippt unsre zunge höchstens flüchemüll
und ist signal. – Doch wie das wort auch sei:
Es bleibt des tuns verkannte freundlichkeit.

AUFSTEHN

Aufstehn morgens: wut im bauch und leere.
Aus dem farbtopf stiller meere tropft
der azur. Zerfließt. Nun: langsam sprechen
erstes wort, noch ohne tagesschwere.
Ach der uhrschlag, der im herzen klopft,
ist noch zaghaft, lernt erst aufzubrechen.

Dann: sich waschen. Selten einer spürt
noch im wasser meer und regenfluß.
Plötzlich frisch sein, taugras morgendlich.
Sehen lern ich: vogelflugbahn führt
düsenjägersteil empor. Und, erster gruß:
sonnensprung auf horizontnen Tisch.

Frisches hemd, nach seife riechts und chlor,
auf den leib. Die milch im glas glänzt kühl.
Selbst die brötchen warten bäckerfrisch.
Langes essen. Und jetzt hört mein ohr:
Unsre straße füllt sich mit gewühl,
frühe klingeln, scheppernd, treffen sich.

Erster zug aus zigarettenhalm.
Magrer rauchstab! Doch der kraftwerkschlot
atmet tiefer. Und schon nicht mehr fremd
klingt der tagschritt. Seht, der wolkenqualm
wie ein großes, weißes segelboot
wird vom wind nun himmelab geschwemmt.

Zeitung les ich, denke und begreif.
Leicht: verstehen. Atmen. – Dieser tag
schwingt erheitert, und die kahle wand
starrer wörter schüttelt ab den reif,
wird lebendig unterm uhrenschlag.
Fern der himmel ist sehr rot entbrannt.

DISKUSSION

Hier leben. Dasein. Einen standpunkt haben.
Das argument ist ein kristallskalpell,
das denkenshornhaut kühn und hart seziert.
Hier leben heißt bestehn. Fragfeilen schaben
gedankenrost. Und sonnenpferde traben
durch fensterwände. Plötzlich doppelt hell
hebt sich der saal: Die zeit wird diskutiert.

Aufsteht die frage: Wie in freiheit leben?
Indikatorisch prüft sie der verstand.
Hier freiheit: Sagen, was uns noch mißfällt.
Und dogmanebel sehe ich verschweben.
So messen wir der gegenwart bestand
an unserm tun auf dieser zwiefach-welt.

Wir diskutiern. In antwortskläranlagen
bleibt phrasenschaum und grauer ansichtsschlamm.
Der wahrheitsdamm beweist konkret: Wir sind!
Wir stehn am anfang. Vieles gibt's zu sagen,
weil wir auch lasten für die nachwelt tragen.
Zuerst jedoch: wir schlagen um den stamm
des starren kriegsbaums, draus der schatten rinnt.

Aus zigaretten wachsen ascheäste.
Weg mit den falten! Freundlicher gedanke
braucht wolkenpflügend-klare, glatte stirn!
Stellt hier die träume nicht auf wolkpodeste:
Nehmt sie als plan! Da bricht die glaubensschranke,
und wortklar gibt sich der begriff dem hirn.

DOROTHEENSTÄDTISCHER FRIEDHOF BERLIN

Auf bitternishügeln der wintermönch sitzt
In schneeiger kutte. Ruhig und schwer
schreibt er das schweigen aufs luftpergament.
Und doch: der lüge weihwasser spritzt
wortgischtend auf in frommem geplärr.
Denn das heißts „ruhe sanft!", doch die hoffnung ist groß,
daß jener tote in höllen verbrennt.

Gewöhnlicher friedhof: dein sandboden deckt
jene, die gegen das übliche warn:
es lebt noch die furcht vor dem widerspruch brecht.
Gäb es tatsächlich den geistereffekt:
gespräche würden wie sterne auffahrn
und hagelnd flög argumentengestein
zwischen brecht und hegel im wortegefecht.

Da würde der zeitleib seziert und durchdacht
und zweifel zum hirnpräsidenten erklärt:
erzittere, anachronistischer zug!
Und eisler hätte spottgrell gelacht,
mit grabsteingepauke die spießer verstört,
und songfeuer tauten das trägheitseis ab.
Aufstieg da kein ton in verchiffertem flug.

Gewöhnlicher friedhof: die gruben sind leer.
Ich weiß es. Denn schreiber begräbt man nicht
in solcherlei gräbern. Ihr tod aber ist:
im regalsarg zu modern, wo todesschwer
vergessenheitsnebel, spinnwebendicht
vorüberrauchend, gedanken erstickt
und staubsalz ätzend die bücher zerfrißt.

KRIEGERBILDNIS

Ach, vom schlachtfeld schlich er blutig,
in der hand sein janusschwert.
Galt er nicht als tigermutig?
War sein sieg die kämpfe wert?

Nannten ihn nicht die berichte
lorbeerwürdig, heldenkühn?
Nächtlich hat er angstgesichte,
fühlt den lavaboden glühn.

Der sich in der schlacht bewährte,
alle waffen handgehabt,
starb, als man den frieden lehrte.

Doch da ist noch nichts entschieden,
wenn ihr jenen jetzt begrabt.

WIE JONAS LEBEN

1
Wir hausen wie jonas im magen des wales: wir leben
im bauche des hausfischs, der windstill im asphaltmeer steht.
Plankton umquirlt ihn. Laternenkorallen erstarrn.
Da treibt der steinfisch im strudel von fluten und ebben
zwischen dem hausschwarm. Die glänzende rückenhaut,
die ziegelbeschuppte: nun überwuchert sie grau
der tang der antennen. Doch der die gezeiten gestaut –
neon, der nachtmond, – er flüstert ins strudelnde blau.

Da sprüht mein hausfisch, dem prustenden wale gleich,
rauchwindfontänen. Dann wagen sich blicke hervor
aus fensteraugen, die hält nicht das lid mehr verschlossen.
Und immer des nachts schlägt unruhig fächernd und weich
der lichtschwanz den strahlkreis. Durch solch einen hausfisch, ich weiß,
ist mächtig die strömung der großen bewegung geflossen.

2
Dies alles stimmt nicht. Nicht heute stimmt es, nicht hier.
Denn uns schluckte kein fisch, der uns allmählich verdaut:
wir selbst baun die häuser in unserm jahrhundertrevier,
erst unsre bewegung macht die asphaltmeere laut.
Wir kennen uns selber, wir pinseln den himmel mit rauch,
wir öffnen die fenster und sind die gezeiten der stadt.

Du aber, jonas: für dich ist kein platz mehr im bauch.

KONTRADIKTIONEN
(1964–1966)

ZWEITGESICHT DES PROMETHEUS

Am abend glommen blutig rot die kuppen
der berge noch durch neblige gardinen:
bizarr zerborstne, trockne wurzelstubben
in hohlen, winddurchorgelten kaminen.
Und knisternd sprühten die lawinenschuppen
gleich schillernd staub in diamantenminen.
O düsterdünung nach den feuersbrünsten:
beschlich nicht furcht auch ihn, den helden-kühnsten?

Der adler nahte: welch ein fluchflug, sausend ...
Und gleich geröllstein prasseln schmelzqualmwinde.
Das knattert, pfeift, zischt, faucht und hechelt. Brausend
durchschnitt die schwinge jene dämmergründe.
Ach, äscherung, prometheus' leib behausend,
als ihm die krallen fatzten ab die grinde!
Und als mit nacht getarnt die ungeheuer,
umzüngte ihn ein andres, kaltes feuer.

Der sternenphosphor troff in trümmerträume,
in unruhvolle. Und die ketten schienen
wie weißglutsporen oder flammenzäune.
Da warn die städte angeschirrt in ihnen:
in stürmestößen wogten feuerbäume
und zweigten filigran auf dächerbühnen.
Da riß verzweifelnd er an seinen ketten,
um seine menschen vor sich selbst zu retten.

Der morgen peitschte blut in horizonte.
Da schien er, gott, dem gott nicht mehr zu gleichen.
Zerbrachen tönern nicht die schollenmonde?
O sternenscherben, o vergängniszeichen ...
Wen preisen wir? Ist er der lobgewohnte?
Ich sah ihn furchtsam um die öfen schleichen,
entstellt vom vorwurf des gesichtes züge.
Denn *er* gedenkt hephaistos' feuerwiege.

AUFMARSCH

Ich kann das hurra nicht mehr hören!
Das röchelt und orgelt fatal
aus flaschigen lautsprecherröhren.
Ich kann das hurra nicht mehr hören:
brülln wir die weißbäume kahl?
Dem wirklichen schrei widersprechen
die echos in hohlerem ton.
Sage, versteckt unsre schwächen
der stärke imitation?

Im schrei wird die nelke ertrinken,
in strudeln zerweicht das papier,
wenn, redend, die worte wir zinken.
Im schrei wird die nelke ertrinken,
und einst in den sintfluten wir.
Am drahtstiel blutflammige blüten,
erinnernd an mythischen mohn.
Machst du die symbole und mythen
kennbar als imitation?

Jetzt scheppern die blechblaskapellen
scherbig wie panzer auf stein.
Geprügelte pauken verbellen
die scheppernden blechblaskapellen.
Wir spiegeln in helmen uns klein.
Abnützen den asphalt die sohlen
schlurfend. Doch prasselt synchron
manchmal wie eiserne bohnen
des beifalls imitation.

Ich mag keine losung mehr lesen:
verheißungen, wechseln im wert
als dürre bewußtseins-prothesen.
Ich mag keine losung mehr lesen,

die zum elysium verklärt
die wiese der asphodelen.
Welch kalkweise spruchformation:
von einhundert losungen
zählen neunneuzig zur imitation!

Ich mag keine fahne mehr tragen,
wenn wir marantisch marschiern,
denn wir verscharren die fragen.
Ich mag keine fahne mehr tragen
auf dem glazialen gestirn.
Der flagge vom blut unrer toten
ersparet die deformation
zu fähnchen, zu wimpeln, zur roten
zukunftsimitation!

Ich kann diesen tag nicht mehr feiern,
der dörfisch zum volksfest verflacht
mit wässernden rede-speiern.
Ich kann diesen tag nicht mehr feiern,
die schillernde pfingstochsenpracht.
Gibt's sozialistisches gammeln?
Es schläfert die demonstration,
wenn gähnend das credo wir stammeln
zur fortschrittsimitation.

Die fahnen verkommen im winkel
abends im trüben lokal.
Prämien werden gepinkel.
Die fahnen verkommen im winkel:
ende platt – alles trivial.
Rauchend und kurz vorm erbrechen
sagt einer zur kampftags-version
des fernsehns halb rülpsend, halb sprechend:
„Mensch, laß doch die imitation…"

Dann wankt er nullnull-wärtsdavon. –

Wer aber zahlt unsre zechen?

BALLADE VON ZWANZIG JAHREN

Da sie fünzig jahr unter wechselnden winden gepolkt,
warn eines maitags die hausschatten oben gezahnt.
Frühgeburtfarbenen flaggen ist sie gefolgt,
auf denen man oft noch den todweißen stoffkreis geahnt.

Dann: zwei päppelsöhne ernährt sie in magerer zeit.
Doch früh bleckt durchs schlitzmaul eine briefzunge weiß:
‚bin in frankreich. Dein sohn'. Da floß ihr salzherbes breit
übers gesicht. Aber ihr schluchzen blieb leis.

Doch der andere sohn trug statt gänseblümchen schon bald
im zerfaserten knopfloch eine emailleblüte,
bis trauerflorfliegen aufstoben aus russischem wald.
Doch als wir begriffen: wie wurden wir bitter und müde!

Mitte dreifünzig, im fluoreszierender nacht,
nahm's positivsöhnchen also sein Köfferchen auch
und hat sich, bequem, mit sehr anderem gestirn überdacht.
Doch sein abschiedsbrief flockte eiligst im rollenden rauch.

Von der selbstmordnachricht dieses sohnes gesteint,
mit kläglichen kindern des kläglichen vaters versorgt,
hat sie dann vor dem mann im ledernen mantel geweint
und später zwölf Jahr lang zum waisengeld zugeborgt.

Jetzt, nach siebzig zwölfmonden, schleppt ihr noch der enkel ins haus
den zweckvollen zweifel, den beat, den politischen witz.
Da droht sie, verhäßlicht und ängstlich wie wehrlose maus:
‚ich zeige dich an!'. Und schrei ist ihr letzter besitz.

ELEGIE IN BUCHENWALD

Erinnerung, zackige, schwarze,
gespenstige fledermaus:
beschwor dich atropos, die parze,
im durchwinterten haus,
auf daß die gäste erführen:
hier fordert die trauer tribut?
Da dröhnen die autotüren
schon als ein zynisch salut.
Ich werde die gäste begleiten,
sie schlendern lethargisch durchs tor.
Die herzen immun gegen leiden,
verkümmern als liebesdekor.

Erstarrn sie erschütterungsgsbitter,
so wie niobe einst,
beim anblick der knochigen gitter,
wo, wind, du die asche verweinst?
O kryptatiefe voll grauen!
Bröckeln die rostschuppen braun
beim atmenden klagen der frauen,
die angstvoll die öfen erschaun?
Die stimmen voll gleichmut zerschneiden
unsrer empfindungen flor.
Denn herzen, immun gegen leiden,
verkümmern als liebesdekor.

Noch unter der galgenfeste,
dem knarrenden spinnenskelett,
lagern gefühllos die gäste.
Steht einer vor kachligem bett,
ist seine träne gefroren:
graupliges eiskorn. Ich frag:
Ist er verkommen, verloren
für den befriedeten tag?

Karten seh ich ihn schreiben,
trivialworte tröpfeln ins ohr.
Solch herzen, immun gegen leiden,
verkümmern als liebesdekor.

Tragt ab drum die wandengen zellen,
die öfen mit federnem ruß.
Nur in erschütterungsschnellen
herzen haust hoffnung und gruß
unsrer erschlagnen genossen.
Doch hier, hinter ernstmasken, sah
ich blicke, die neugier verschossen,
begrüßend den schauer: voilà!
Ich will meinen stand in den zeiten
prüfen, da jener verlor,
dessen herz, immun gegen leiden,
verkümmert als liebesdekor.

TERZINEN DER ERLEBTEN JAHRE

1
Wir fuhren ab. Wir fuhrn. Rotierend schliff
der räderstahl das rauhe messergleis.
Den himmelssack zerschlitzte grell ein pfiff.
Da troff herab der scharfe wolkenschweiß:
o bittrer ruch, der uns herüberweht!
Doch wort stürzt wort. Da üb ich den beweis,
daß der begriff ist: zeitengeodät.

2
Weh uns, weh uns!: wie eine fahne, rot,
rast hin der zug, ein langer feuerstrich...
Der lack zerspringt: ein brauner anstrich kot.

Im speisewagen bläst das tuch vom tisch.
Das flügelt fort: ein falter, leichenfahl.
Und unter blöcken rauchs ersticke ich...

Die schreie kreuzen wie ein gräbermal.

3
Doch von der klippe stürzt der zug und taucht
ins strudelmeer. Gischtwolken schnellen hoch.
Durch diese landschaft fahren wir: verbraucht.
Des hagels rogen körnt durchs lüftungsloch,
ein quallennebel glitscht vom wagenbug.

Was lebt in uns, verwandt den wassern noch?

Abteilwand glimmt von salzspurüberzug.
Ich kenn gesichter mit der gleichen spur.
Ob uns das meer die klage übertrug?
Der fische lanzenschwarm prallt ab. Die uhr
erstarrt kristalln. Und weh uns: brauner wald

von blasentang zerpeitscht die wandglasur,
polypenäste halten uns umkrallt,
aus höhlen wachsend, drin, ein haifischmaul,
felszähne bröckeln, splittrig, urzeitalt...

Wir fahren, fahren. Und wo mittags faul
die wasser tümpeln, dort, sargassosee,
lebt üppig träg der aal im dämmermaul.

Und wir vernageln unser zugcoupè.

Wir fahren, fahren. Wieder: ungeahnt
fahlt auf ein neu-licht: küstenrücken, blass
vom hügelrückgrat knochenstarr gezahnt.

Da kriecht der zug, entstellt von säurefraß,
ans karge land und schüttelt sich, ein hund,
und streckt sich stöhnend in das falbe gras.

Und will doch, krank noch, endlich weiter. Und
kommt langsam an, ist da, und ich versteh,
warum der radstahl schleift an schienen rund. –

Die aale hungern dort: sargassosee...

RUMMELPLATZ

Was treibt mich untern gegenhimmel,
dran fahl elektrosterne faltern?
Such ich die kindheit, da wir altern,
im menschenstrudelnden gewimmel?
O platz verlockung, pfauenfeuer:
wenn wir im hohen schweifrad kreisen,
vergessen wir die abenteuer
ikarisch astroider reisen.
Wir nähern uns dem raumtotalen,
es reigen erdwärts ältre welten.
Doch die gewöhnten herzen melden:
schwer fällt die trennung vom banalen .

Ich lieb die stillen tätigkeiten.
Doch hier, im leiberkatarakte,
im wirbel der stupiden takte
fischt laut das nichtstun seine beuten.
Im wasserlichte wollt ich schwimmen.
Hier aber kreiseln monde, baden
im sumpfglanz wir. Und magisch glimmen
die süchtig werbenden fassaden.
Das violett des irrealen
wirbt hektisch für die vorzeitfäule,
doch im sirenigen geheule
fällt schwer die trennung vom banalen.

Die angriffs-angst ist längst vergangen
im splitternden ruinenschatten.
Doch auf gesichtern, sattheitsglatten,
die kleine gier nach neuem bangen.
Schon konstruiert man furchtvisionen,
im kreis von grauen lumpengeistern
durchfahrn wir Schreckensillusionen ...
Auch sehe ich blasiert uns meistern

den übungsschuß auf scheibenzahlen:
erschossene papierne blüten:
schwer fällt die trennung vom banlen,

Und gleisnerisch tritt auf die lüge
und nennt gewehre spielzeugwaren.
Verfluchte gier nach flammenjahren:
öd fauln die Felder künftiger siege ...
Qualm quirlt aus reden der chinesen,
des flugzeugs silberkrallen striemen
die himmelshaut. Ists unser wesen,
den komödiantenglanz zu rühmen?
Da flitterherz in roten schalen,
nichts als die frage kann ich geben:
wär besser nicht zum weiterleben
die schwere trennung vom banalen?

ELEGIE VON EINEM FREUND

1
In eislichterbrechenden sälen,
draus fortstob das schattenlaub,
wo blicke enthäutend uns quälen,
wallt imaginär noch der staub,
fiedert um mumien und uhren,
nebelt wie mehltau herab:
seltsam verdächtige spuren,
daß es lebendigkeit gab...

Sieh, auf vergilbten papieren
kriechen, tintig durchblüht,
ziffernmaden, planieren
des zweifels konturscharfen splitt,
bis sie uns groß offenbaren
ihren banalen beweis:
die paralleln überfahren
sich fern im unendlichkeitskreis.

Da luchs' ich erschauernd zum himmel:
im grafischen liniennetz sitzt
einer, vom knisternden schimmel
der mondlichtsporen umblitzt,
sitzt einer einsam, der welten
eisschuppen flittern im traum.
Einer hat angst vor den kälten,
zittert vorm fischbleichen traum...

Einer hat angst: die meduse
des grauen schwappt seidig im all.
Da steht er im mitternachtsruße,
und überm rotierenden ball
tasten die füße, die zagen,

das parallelenseil ab:
„Ich muß mich verrechnet haben",
sagt er. Es geht um das grab.

Hören wirs noch? Agonien
scheinen uns fremd, nie erschaut.
Manteln nicht travestien
um unsre gefühle wie haut?
Nach dem auf vibrierendem drahte
lüstern die abgründe geil.
Und, punktnah, die liniengerade
durchwinkelt die andere steil,

kreuzt sie wie messernde gleise:
dort wird er stürzen zuletzt.
Wir stehen nur staunend im kreise,
die worte von lachen durchsetzt.
Was tragik ist, nennen wir witze,
artistik den hangnahen kampf.
Und brauchte doch einer die stütze
in nebel und düster und dampf...

Zaubrer und okkultisten
sind wir. O alchemie,
wetternd in kälteblitzen,
da wir uns täglich erneuern
mit rauchkraft und zischenden feuern
der einsamkeit allegorie...

2
Abends, in rauchigen kneipen
(o musicboxpfeifender pan!)
lassen wir zwiefach uns treiben
nach wodka-beschworenem plan.
Da lotet er manchmal die tiefen

des todes mit schwimmendem blick,
da spricht er von flatternden briefen,
von freundlichen frauen, von glück,

und kann doch das letzte nur denken.
Lies du sein sprödes gedicht,
solltest das wortspiel durchdenken:
findest ein müdes gesicht.
Der müßte mein freund sein: verstehen
würd' ich mich selber am end.
Denn nur in den anderen sehen
wir unserer schwäch' monument.

Verletztliche sind wir. Und stelen
entwerfen wir, fühllos, morbid.
Wirrn nicht die spurparallelen
als kreuzpunkt und fallstrick verfrüht?
Soll zerberus den auch zerreißen?
Ich flagge die fahne protest!
Wir müssen den rechnern, den greisen,
verderben das zynische fest...

ELEGIE VON DIR UND MIR ODER CHRONOLOGISCHE ELEGIE

Die tagetafel überm bett –
gebirge schwarz, gebirge rot –
wo weiß durchs weiße zimmer geht
wer, wer? lieg ich im totenboot.
Lid, wisch vom aug das häutchen öl,
lös dich aus hellen nebeln, frau.
Was heißt commotio? Sags! ... Schweig still! ...
Ich lebendmumie im verband
lieg auf dem rücken, lieg und schau
dies haderland: mein vaterland.

    Verschließ die läden, frau. Verbind
die wunde neu: sie kribbelt, gärt –
ein käfernest. – Der hände wind
wischt meine stirn. Im fieber schwärt
der kopf, zerquält von heißem frost.
Ich zittre gräsern. Dann verdampft
venales blut und rieselt rost
durch dürre adern. An der wand
wankt widerlicht, und auf mich stampft
dies haderland: mein vaterland.

    Ruß, ruß verhüllts: ein schwarzer.
Auch du, du auch? Gepeitschter leib,
noch nach schalen stund: null
gepeinigt: niobeisch weib.
Weich wird dein haar. von scham versengt
die brauen bogten nie und nie.
Sag nichts. Ich lieb dich hassend. Hängt
mein herz an dir, sind wir verwandt
in retrograder amnesie,
du haderland: mein vaterland?

Ein aug des andern feind. Und doch
sich überschneidend blick und blick.
Beweisen sie, land immer-noch,
getrennt ihr tantalos-geschick?
Die gläserne libelle schwirrt,
sie füllt in mich den drogensaft,
der mich zum schwebeschlaf verführt,
zum schaukeln zwischen wind und sand.
Auch meine hand, nun siehs, erschlafft,
du haderland: mein vaterland.

38 Schlaf ein, schlaf ein und träum dich wach,
dass du dein vages wesen siehst!
Erinnerung des schlags. Danach:
des peitschers bildnis blau zerfließt
in tausend tröpfchen. Die rolln fort
wie milch im staub. Nur rattenschrill
wirkt noch der pfiff des drahtseils dort
und überspringt des hörens rand.
Wankt unter mir wie wellenspiel
dies haderland: mein vaterland?

Zwei peitschen überfalln's. In flut
von tränen rostet eine braun.
Ach, dass ich als den faden blut
verängstigt muß die andre schaun! ....
Hab ich geschrien, dass du mich weckst?
Frau, frau, mein mund schmerzt. Seltsam süß
auf meinen schrunden lippen schmeckts.
Nimm mir die binde ab. Schon spannt
die neu-haut glänzend überm riß,
du haderland: mein vaterland.

Die narbe, narbe – harscher schnee –
entstellend mich mit schwächemal ....
Ob ich vorm freundesblick besteh?

Versuchs, versuchs! Gibt's andre wahl?
Land, die du nährtest, kaum erzogst,
zerschlugen gräßlich dein gesicht,
obwohl du sie zu helden logst.
obwohl du söhne sie genannt.
So ward mir hass und liebe pflicht,
du haderland: mein vaterland.

Verfluchte narbe aus zement:
uns hat die schwäche hart regiert.
Doch ob sich wer vom auge trennt,
wenns grauen-schauspiel projiziert?
Nein, sag ich, nein! Ists auge schuld?
Sieh, sieh die grindschicht, spür: es pocht
dahinter der puls ungeduld.
Noch an der narbe sei erkannt,
dass eine hand dir peitschen flocht,
du haderland: mein vaterland

Ich habe furcht, der schorf zerbricht,
hab furcht, es speit der blutvulkan.
Wer überlebts? im wasserlicht
noch spiegelt ein narzissmus-wahn.
Einebnet sich im zeitenschliff
die narbe wohl zum faltenfall.
Doch windig wuchert noch der pfiff
der braunen peitsche, sperbern spannt
im traum der schnauzbart-general,
du haderland: mein vaterland.

Nacktnarbe, bleib der wunde tod!
Wuchst wirksam zu im zwölften jahr.
Wir wälzten uns im eigenen kot,
da unserer schwäche stärke war:
das überleben. Kleiner sieg ...
Frau, laß mich gehen. Ob ich genas?

Mir schwindelt noch, doch tastend bieg
ich um die ecke, schlurf durch sand.
Da keimt schon gras. – Ich lieb voll haß
dies haderland: mein vaterland.

ELEGIE VOM SCHÄLEN DER ZWIEBELN

Sie schälen die zwiebeln mit rostigem zahn:
entkleidung, endemisch, von herbstbrauner haut.
Doch stahlzahn und sporen vom hackenden hahn,
die sind schrott, und bleibens, verrottend nach plan.
Cipollas gesicht ist zerredet, zerschaut
und rasselt herab wie ein schlangenhemd leicht.
Die schalen zerblättern. Die zwiebel – erbleicht.

Nun wird die grünliche hülle zerfleischt.
Da zeigt sie des hasenaugs glasiges weiß.
Die große, bedruckte zeitung zerweicht,
wenn dran man die schmierigen messer abstreicht.
Doch immer noch fallen die hüllen so leis...
Ach, masochismus, von keinem diktiert:
und wenn wir uns nochmals beim handeln geirrt?

Und wenn wir uns nochmals beim handeln geirrt?
Ach, masochismus, von eile diktiert...
Da avanciert halbwort zum wahrheitsbeweis,
wenn jemand die schmierigen messer abstreicht.
Wir heucheln sogar das glück uns noch seicht
und zeigen des hasenaugs glasiges weiß,
wenn einer ein buch vom schnauzbart uns reicht...

Die schalen zerblättern. Die zwiebel – erbleicht.
Wem wird die suppe, die scharfe, gereicht?
Cipollas gesicht ist zerredet, zerschaut.
Such nicht nach dem kern: die zeit wär vertan...
Ach stahlzahn und sporen vom hackenden hahn:
nie hab ich am ende die tränen gestaut:
sie schälen die zwiebeln mit rostigem zahn...

ENTWURF ÜBER DEN ABEND

Das fenster öffnen: schlägt zurück
die welle glas den windstoß? Sag,
wirkt kampflos kein sekundenstück
und widern hirn und hand den schlag?
O zeitenstreit: solch düster zeugt
die zwiefalt, die ich zornig seh.
Und stumm – ein späher, vorgebeugt –
spür ich den luftwurf ansturmjäh.
Wie nieselregen prickelts leicht
auf meiner haut. Es west das meer
molekular im wind vielleicht.
Ob wandlung nicht verständlich wär?

O rieselluft, wie dich empfand
einst gulliver den pfeilbeschuß
in liliput. Bleibt unbekannt
uns dieser drängnis überfluß?
Löscht aus der sieg des fehlers schwarz?
Ja, hier hebt ruch des windes druck
und farben riech ich: asphaltharz
in dunklem blau, ein purpurzug
steigt daunig auf: der süße duft.
Und violettgerüche der
gewölke noch! Strömt bunt die luft?
Ob wandlung nicht verständlich wär?

O nacht, in farben auch erschmeckt!
Verzweigt sich vielfach jeder sinn,
da ich im riesenraum entdeckt,
daß auch ich selbst ein kosmos bin?
Am fenster steh ich, arglos, doch
nicht sorglos, da ich sehend weiß:
ich wohne zwanzig meter hoch
und unten blitzt der pflastergneis.

Ach, türen atmen hinter mir,
in angeln schwankend lautlos schwer.
Zirkt wieder furcht ihr herzrevier?
Ob wandlung nicht verständlich wär?

Und aureolte nicht der schein
von lampen hinterm rücken hell
und brennte meine ängste klein:
es schlüg mein blut bedrängnisschnell.
So aber flacht ein schattenbild,
in goliath-unmaß projiziert,
auf dem asphalt. Ach, trug ichs schild
des david nicht, hab ich geführt
nicht ähnlich seinem steingeschoß
des wortes schleuder, war im heer
der schwächren ich nicht kampfgenoss?
Ob wandlung noch verständlich wär?

Denn was durch arbeit ihr vollbringt,
den goliath krieg zu fälln im land,
ob es dem wanken wort gelingt,
dem wort – verflucht, verlacht, verkannt?
Hilf, sprache, hilf! Zum bilde werd!
Gleichts fensterkreuz dem gräbermal?
Sein schatten neben meinem teert...
Ach, denk ich nur die bilderqual?
Und doch: die sichtverwandlung macht
uns menschlich, zeigt den großen bär
in sieben sternen dieser nacht.
Ob wandlung nicht verständlich wär?

Ja, ringsum welt! Ob kenntnis glückt?
Seht, wie die warme zimmerluft
den rauch emporschleift und zerpflückt,
der grau vom tabakstab verpufft.
In einem spiegelprisma zeigt

sich so ein blanker wasserfall:
im gegenbilde nicht verschweigt
sich das gesetz. Und flug ist fall...
Ich kläre unsre schwächen laut
durch unsre stärken. Nimmermehr
blieb uns die hoffnung sonst vertraut.
Ob wandlung nicht verständlich wär?

Und gegenzeichen bildert auch
die landschaft: übern schloten flimmt
die luft als meer. Und schlaffer staub
stäubt pudern auf wie brauner zimt.
Ist je erfaßbar ganz der raum?
In unbeleuchtet milder nacht
des fensters hängt ein spitzensaum
aus lichtreflexen. Aber sacht
und schnell beiseite schiebts den tüll,
wenn lampen schnelln den lichterspeer.
So wächst die welt im gegenspiel.
Ob wandlung nicht verständlich wär?

Sieh weiter, sieh: ein auto schnürt
vorbei, sein lichtschwanz fuchsrot schleift.
Und wie's trikot des fischers wird
von lichterband die luft gestreift.
Ist auch der größere entwurf,
das all, schon irdisch modelliert?
Wie durch des ruhmes dunkelschurf
ein hagel von kometen flirrt,
zieht straßenbahn, grotesk verzerrt,
durchs ladenfenster. Schien nicht leer
dies kleine all, von glas versperrt?
Ob wandlung nicht verständlich wär?

Und sichtbar macht das trübe licht
dies kleinste all: es ist firmiert

mich waren-welten. Flüchtig wischt
der schein darüber und entwirrt.
Durch unsren innen-kosmos zog
dergleichen blendung nicht die bahn.
Nur blaßblau oft ein zwielicht flog,
vielleicht ein glück, vielleicht ein wahn...
Dies macht so schwierig unsre zeit:
wir kennen oft gesteine mehr
als eines nachbarn einsamkeit.
Ob wandlung nicht verständlich wär?

Heb auf die enge, stern, heb auf!
Nur handbreit überm giebel glitzt
ein tropfen, er. Ich seh hinauf,
da diese nacht die welten schwitzt.
Und allsekündlich ändert sich
die färbung: rot erst, gelb, dann grün.
Vielleicht sind sterne tropfen nicht,
sind ampeln dort, wo kreuzend ziehn
die weltenstunden? Künftger sohn,
erklärs, erklärs! Ich lehr dich, lehr
mich auch. Und nichts von illusion!
Ob wandlung nicht verständlich wär?

Ich steh am fenster, werfe jetzt
die kippe fort: ein schlußpunkt, rot
in diese ernste nacht gesetzt,
die uns behütet und bedroht.
Wächst mir zum schreiben gültge kraft?
Es ist das bild zum bilden reif.
Bis mir die feuchte hand erschlafft,
sitz ich am verse und begreif.
Schon werden horizonte bleich,
indes ich lern und zaghaft lehr.
Und drittes such ich zum vergleich,
daß wandlung uns verständlich wär.

MÖGLICHKEITEN
(1966–1970)

ODE AN EINE ZIEGELWAND

Sterben selbst genügt nur dem lebenslobe:
steigt nicht phönix immer aus schutt und asche?
Aber mauern, jetzt schon ruinen, waren
anders lebendig.

Sagt, was nennen leben wir denn?: die dinge
sind geschichte, haben sie selbst geschichten.
Hohe wand mit glimmerndem quadersockel:
dich sing ich lebend.

Schön: die fugenstriche, die maßgenauen,
schnurend kalkweiß unter fassadenhäuten,
mörtelhemd, das, alternd, die mauer abstreift
gleich einer schlange.

Salzig schmilzt salpeter in feuchten rissen:
solch kristallne, blühende tränen weinen
alle wände, tupfen auf ziegelkanten
zart auch die lichter.

Aber steine wissen vom glück nichts, ahnen
nicht ihr sterben, nicht ihr zerbröckeln, bersten...
Ich euch loben, ziegel? Die worte gelten
hymnisch den maurern!

Ich euch loben, wände? Ihr duldets ewig:
regenpeitschen klatschen, und abplatzt putzhaut,
ziegelfleisch wird fleckig und rot dann sichtbar:
ihr seid das schweigen.

Grille gräbt im schlaf euch mit simplen reden,
ratschend ewig gleichförmigkeiten, alte,
längst bekannte weisheit des urahns, nächtlich
modisch gefidelt.

Feucht und rauh und sandig verwittern, stürzen
mauern. Aber: staunende nachgeborne
graben wand, geformt aus gebrannten erden,
mühsam aus sänden.

Häuser richten, sagen sie, bleibt zum lobe
ihrer weltzeit. Wert wird der stoff durch arbeit.
Dasein aber fordert zuvor ein fortgehn:
sein ist bewegung.

MÖGLICHKEITEN

1
An zimtfarbnem abend in zimtfarbner stadtschaft: vom fluss
erfahr ich gefahren, bis minder gefährdet ich bin,
machts wissen uns wachsam. Und wertend als möglichkeit eins,
die dinge zu sagen in anderen dingen, vielleicht
im trächtigen traumbild, begreifst du sehr gründlich, machts spaß.

An zimtfarbnem abend in zimtfarbner stadtschaft, der fluss,
ein raschelnder aal mit geöffnetem schnabel, zerliegt
im schaufenster gegend den eiskies der lichter, der fluss,
ein schnappender fisch ists und weißbäuchig wendig: wer zog
das wasser aus wassern wie menschen aus menschen? Erfrags,
doch nicht überfrag uns, da bliebest du fragwürdig, gingst
da fragwündig fort, läßt im fortgehn dich gehen, vergehst ....
So übe das fragen, erwartest du auskunft, denn dort
ist künftiges einzig. Wer warf ins gekachelte grün
den aalfisch, verwarf ihn? Poseidon? Der leugnet sich hier.
Doch wüßt ichs, erkenn' ich, wie lange der vielhafte stern
im netz der galaxien noch trudelt, ob für uns, ob trotz
der diesweltnen menschheit. Die flirrende scheibe aus luft
vorm laden zerschlage, mit scheuenden händen ergreif
das tier (und im munde der unruhe messinggeschmack),
ja, packs, ja, befiehl ihm: lauf tot dich im harschenden salz
des zimtfarbnen eisens, im krümeligen grindblut, werd nackt!
(Und sicher erblicktest getrocknetes blut du entsetzt
einst durchs mikroskop. Und erkanntest den triefenden mars.)

Den fisch brätst du baldwann in pfeffriger pfanne, da stürzt
sich steil sein gewöhnliches flußgrau nun über dich, weiß,
ein dampf ists, ein nebel, gewaltiges rauchen! Vergib,
ach zimtfarbne nacht, auf den eiskies der lichter verlier
ich wieder den aal, verzicht aufs erwunderte mahl,
denn freß ich das weißfleisch, verhungern die augen im grau.

2
Vergeßt nicht, vergebt nur. Ich warte, sehr wach im geschlecht.
Vergebt wie die schnatternden bäche dem herbsten geröll:
sie springen darüber, umfließens und reiben es auf.
Wir haben noch immer, was vormals wir hatten, negierns
und halten es in uns wie allerlei läufiges auch.
An dem, was sich abgriff, vergriff ich mich schamlos, ein narr,
such werdendes ich im grade gewordnen. Nun gut.
Und manchmal erkläre ich, möglichkeit zwei, mich aus mir.

In schorfiger schote des bootes, gesprenkelter kern,
so lieg ich, so reif ich. Und hab doch die pflanze gesetzt
mit gläubigen händen, an der ich nun hause im kraut.
Nicht unter uns nur, sind auch in uns die mörder, verfluch
auch darum den krieg ich: wer weiß, widerstände denn ich
gesüßter versuchung der macht? O gelobt sei das land,
ersparts uns vorm spiegel den anblick des raubtiers! Fahr aus,
gesalzenes boot: auf geruchlosen stränden verdorrn
im hymnisch erhitzten gefälle des windes wie laub
die bohlen, die planken, wird undicht mein fahrzeug, wer kann
schon ausfahren in eurem faß, danaiden? Da heißts:
das leben ist anders, doch so ist das leben, wie sonst.
Den widerspruch wahre, der zeiten bewegung, doch so:
dem widerspruch hart widersprich. Sagt von mir einer bös:
gespaltnes bewusstsein: da lächle ich milde (ich sah
dies schimmern der augen auf hohen ikonen, ich sahs
beim greisen meh-ti aus: ists weise? Was weiß ich, ich denks.)
Gespaltnes bewusstsein! Na und? Ist nicht alles geteilt
in wurzeln und stamme, in kerne und fleische? Ich bin
ein freundlicher feind mir, bekämpfe mich sorglich. Das macht:
ich schieße zu gut mit der neusten mpi, wenn ichs muß.
Vom regelkreis rede, von rückkopplung manchmal. Wir sind
der ziemlich modernen entwicklung systeme, mein gott,
wie vieles ist in uns, das wir nicht erwägen! Der mord
geht bleich durch den traum mir und zeigt mir mein eignes gesicht.

Die möglichkeit aber, auch schuldig zu werden, ist schon
entsetzliche schuld. Und was über euch kam, kam aus euch.

3
Wie mythen uns schauern, uns bildet und bindet das bild ...
Die träume zu lösen, den gordischen knoten aus nichts
und allem, verwandelts mich nachtnackt und jedermannsheiß,
ist schwierig, denn keiner erführe sein anti-ich gern.
Aus anderen schichten kommt auf die erinnerung schön
vielleicht. Und die ursprünge finden ist möglichkeit drei.

In anrufung meeres beschwörst du den anfang. Ein schaum
wirft zimtfarben sich an das sandstumpfe ufer, da heißts:
es bluten die meere. Und immer verstehn wirs nur so.
Doch schwimme hinaus nun, der rhythmus des vogels im flug,
ins weißgrüne stemm dich, als sei es aus festerm stoff.
Und treibts dich, so treibe! Sind dort die sirenen? Schau hin:
aus wasser, aus wasser, die flügel sind wälzende welln,
und strömungsgeräusche ihr gurgelndes singen. So sei
das meer die sirene? Befrage den schiffer und schweig
das schweigen der toten, die wissen das sein bis zum rand.
O gegen dich immer die schlagenden schwingen, du teilst
das tiefe gefieder: ein küken voll gier nach gestalt,
da zappelts hervor unter gluckender henne. Denn uns
die schrille sirene hat schrecklich gebrütet, war nicht
zu trennen der eisfluss von fleckigen flammen, du spürst
auf schreckender haut. Und der junge geruch nach geschlecht,
den fische verströmen, der algen vergallter geschmack,
die strengen korallen, in drahtiger form konstruiert:
so sind, wenn wir sind, nur dem meer wir verwandt und der flut.

Ich teile die wasser, ein frohsein, da spür ich entsetzt:
es trägt uns am besten noch stets das versalzenste meer ...
Doch sagbar ist alles, begriffnes veränderbar, wird
das meerwasser süß sein, doch kraftvoll uns tragen. Wird, wird ...

FRÜHLING

Prags silhouette: ein
hundertzähniger kamm.

Dieser anblick! Und schon
aus meinem pelze stieben
die läuse des vaterlands.

STUNDE TERRASSE

1
Endlich unendlich die jahrzeit forsythia, gestromtes
wachsgelb der blüten! Der sessel aus sandfarbnem rohre
tiefer, bequemer als vormals die eiserne hirnschal,
weicher ein rauch jetzt, den trink ich aus schilfdünnen halmen.
Stets noch erziehen die gräser was grünes: versuch,
alles zu sagen in deutbarer farbe. Auf wassern
wandern die kreise wie echo zum zentrum zurück.
Stunde terrasse: als sei uns gestundet des todes
fährgeld bis hoch in die jahre des baumes. Und jäh
rede ich sätze wie: herz gutes vaterland herz.

2
Gras wächst darüber, gings drunter und drüber, wächst gras.
Nunmehr der held unter milchprallen halmen, die ballen
knoten wie fäuste und flickten die hanffarbnen netze
unter der narbe, dass welt uns behält, und der krieger
ausbleib in heutwahrer stunde terrasse, der schmerz.

3
Aber es wuchern im strauchwerk mit hörbarem pfunde
vögel, die tragen den samen, das korn im gefieder:
jegliches eiland erwartet sein fröhliches fell.
Derlei gezeugtes ist nicht zu verhandeln, es handelt,
trägts doch den vater, der sich vererbte zum spaß,
in sich, so lebt man, im glase der aperitif,
herber geschmack nach muskat und der weinblüte duft,
soviel an hoffnung! Und herz gutes vaterland herz.

4
Stunde terrasse, wir wissen: umsonst keine stunde.
Ging sie vorüber, so ist sie geblieben, die gräser
standhaft: wer scheitelt die regenerfahrene weide?
Duckst du den wildwuchs, wirst du ihn nicht mähen. Und stetig

wächst der geschorene rasen dir nach bis ins haus.
Also begreifst du das maß, die zerdrückten gesichter
derer, die weinen: nun kannst du sie glätten. Ich sag:
leb du dein leben, es ist doch ein sterben nicht wert.
Ehe sich blätter aus narbigem holze entfalten:
zimten die pappeln, gefleckt der forsythien-ast.

5
Siehe, es gibt keine Vorstadt der fleische und samen,
alles ist zentrum, und aus der verbannung des jahres
stürzen vollkommne genüsse der brauchbaren zeiten:
jahrzeit forsythia! Und herz gutes vaterland herz.

EINUNDZWANZIG UND EIN SATZ ÜBER T.

1
Mein name war hase, da war ich wohl so, wie ich hieß,
da kam ich ins karge café, kam ich keuchend wie nachts,
vielleicht auch wie einer mit pfefferverschliffenem schlund,
da kam, sah, verlor ich, der kellner merkts grinsend, da gab
die hüfte dem herzen die staffel der stiche, ich sah:
der listige igel, vorm bier sitzt er sicher, die hand
zum gruß nimmt er nestweich, triumph, sagt er, ich bin schon da.

2
Verloren ist hopfen und malz, und so hock ich verholzt
vor pisse aus hopfen, mein denkendes denkmal, ich bins,
die ellbogenpflöcke ramm bös ich in riefen des tischs,
da spannen die spinnen ihr silbriges, speichliges garn
mir afterflink zwischen die hände, die zunge verflog
als fliege im netz sich, nun stirbt sie, und biertulpen stehn
in reihe und glied fast bei fuß nun, so saufe ich bös,
da hopfen verlorn ist und malz, den patronengurt leer.

3
Mein name war hase, erfand ich ein seltsames wort,
genügend für augen, die waren wohl weidenblattschmal,
warn dreieckig morgens, da stand es für scharfen geruch
nach wäldern im regen und pilzen mit zäherem saft,
für einheit der sinne und soviel gemeinschaften welt.

4
Wohl kam uns die sintflut, wohl ging uns die sintflut, o meer,
es duften die muscheln wie hirnweiße nüsse im herbst,
nur ebbe ist ohnmacht, doch glimmet der tang wie ein tau,
es graben die krebse, der barsch schnellt wie samen empor,
doch lieg ich im salze wie gestern geernteter fisch.

5
Bei seiner erfrischendsten freude hast du mir den mund
genommen, und nun meine lippen verschenkst du an ihn
in strudelnden küssen wie kochendes wasser, da lärmt
mein lachen aus ihm nun, und gehst du einst gallig dort fort,
wird schlammig in ihm auch von meiner art traurigkeit sein.

6
Auch hass nicht verhehl ich, doch liebe muß laubreich in mir
gelockt haben vorher, und wenn jetzt kein fluch mir gerann
gleich bittrem beton an den grenzen des landes, so ists,
weil liebe nicht abspringt mit jenen, mit denen sie kommt.

7
O immer noch weiß ich die fündige frühe, versiegt
warn glückliche brunnen, zur nacht eruptiv wohl und heiß,
im bett noch geborgen nun waren geschlechtslos wir fast,
wie kinder sich mögen, da waren wir kindlich und neu,
es wieselten lang noch die hände im schlüssigen schlaf.

8
O immer noch weiß ich, wie leicht du das laken verschobst
gleich pflanzen, die lastende erde durchgrünen, bis reif
die hitze der leiber sich hingab der luft und noch lange
ein großes bezeugte, wie tabakrauch blaufasrig bleibt
und duftstreng den raucher zu neuen genüssen verlockt.

9
Ihr nächte danach, nun vergoren gleich fauliger frucht,
da schlugen die türen der taxis mir schmerzhaft die stirn,
da löschte ich ängstlich das champignonfarbene licht,
dass keiner mich fände im offenen sarg dieser nacht,
da hellte ich furchtsam das champignonfarbene licht,
um nicht mehr im dunkel zu sein, ein verschüchtertes kind.

10
Und nacht ohne wohnung in meiner behausung, so nackt,
da stuckten die stöckelschuh strauchelnd straßab, so geht's hin,
da stachen sie muster mir über die brust, die ich früh
enträtselte hilflos, da war mir mit brandigem blut
dein nam tätowiert, der brennt mich, der geht nicht mehr raus,
und nichts macht ihn gut, denn ich such dich in jeglichem leib:
erwachend allein sind wir pferdgleich gehäutet in schweiß.

11
Warum war geliebt ich, warum flohst du stumm in der früh,
da könnt ich mir denken verlassne im schwarzen gewand,
denn noch ists der mildeste tod nicht, der abschied, wenn kalt
der mythen vermischung sich löst, die essenzen zerfalln
gleich gärenden früchten, und bleibt doch ein kern, bis er keimt.

12
Die bilder schaun vorwurf wie vögel im schnee, da verhäng
ich tuchschwer ihr ausschaun, als sei ich in südlichem land
bei ernstem begräbnis, und wirft mich das bett ab, ich sag:
wenn lang ich mich anlog, jetzt lern ich, was jeder mal lernt.

13
Auf ruhm hätt verzichtet ich ruhig für ruhm eines du,
und kraft wär gewachsen, ein kraut ohne winter, in mir,
der tätigkeit kraft, da reifte mir nützlichkeitsruhm,
und wiederum dir wär er freundlich gekommen zugut.

14
Bin neidisch nun, neidisch auf fließende nächte, beneid
um deiner geschlechternen schritte versicherung dich,
mit der du davongingst, um liebe, die ich noch empfind,
die triebhaft sich gründet – der teil meines vaters – in mir.

15
In unseren fliederbetäubenden nächten, da hab
ich hellstes gelesen mit schlafenden augen, jedoch
in zwiebelgefärbter erwachung, vergeßlich nicht, war
ich jählings erblindet, da wuchsen mir warm übers aug.
die tränen, die milchige hornhaut gestorbenen fischs.

16
Fall ab von mir, name, nicht hase mehr heiß ich, ich geh
von mir fort, geh fremd nun mir selber, die schwester erkennt
mich nicht, läßt die messe wohl lesen, die glocken falln ein,
o wilde beweinung, da schießt mir der orgelstrom hoch
gleich salzigem samen, denn vorn sitz im kirchenschiff ich,
als fremder voll mitleid erschein ich, weint neben mir sanft
die schwester, gekleidet in faulbeerenschwarzes gewand.

17
Es feiern die fleische in nacktheit des regens, die stadt
ist rissig wie rinde des rotdorns, doch nicht aus dem wald
kam ich in die steine, zu farben der elster, zum dunst
von bittrem und saurem, gerüchten aus grauem geweb,
doch lieb ich die stadtschaft, das land selbst begreife ich nun,
wenn du in der stadt bist und redest von diesem land gut
und nacktheit uns feiert wie mahle den esser enorm,
da du mit den gesten des grünens zwei hände voll korn
versäst, nicht verwirfst, und so wuchern die sternbilder auf.

18
O phallus, im tanz einst umworben, du fruchtbarster ast
des mann-baums im wechsel der neigung, erregter, bleib stark,
soll sellerie helfen und eier und rotwein, ich schlings
für dich, doch für mich, denn ich bin egoistisch, geb fort
den samen für meine gewaltigste freude, so wünschte
ich krieger, die würden von rostfarbnen schlachtfeldern fliehn,
wärn heil und wärn freundlich, wärn sie nur freundlich zu sich.

19
Und wiederkehr immer im ältesten thema der welt,
doch nichts wiederholung und nimmer des leibs ramadan,
vom folgenden folgernd, dem meere die ebbe gesteh,
doch bleiben die meere, ein strohkorb voll muscheln, brich auf
dich erdfarbnen herzen und löse die perlen daraus,
und hüt dich vor schilf, das schlimm durch den handteller wächst,
von liebe nun sprich, und gehst du, so kannst du nicht gehen.

20
Sei ruhig, ich werde nicht schlachten noch schlichten, ich spiel
harmonischen gleichmut, wenn du mit besuch mich verletzt,
wird kognakerblassenden tee ich kredenzen, ein mönch
beim lässigen lama, zu igeln und anderm gefreund
werd freundlich ich sein mit gebethaftem bitte und dank,
da bin ich bekleidet, korrekt, fast ein bürger, der schlips
wächst da nicht nach oben zum haken im balken der tür,
es kräht nicht der gashahn in fettdunkler küche voll schmerz,
so gebe ich mich, dass ich du schein, da bleib ich wohl ich.

21
Du dauerst in mir wie die kindheit, in späterem spiel
noch oftmals beschworen, da wünschte ich, unruhe wär
wie kribbelndes wachstum in deiner vergeßlichen haut,
wenn ruhig ich spreche von diesem gedicht wie von versen
der andern, und du aus dem würzigen abend nicht gingst,
es brandet der flieder, geh über uns, blattfarbnes meer,
baut auf euch, gerüche vom fisch und vom löwen, geschmack,
zerlauf auf der zunge wie saft praller beeren, und früh
schraub wieder das schild mit dem namenszug hase ich an
und wird, der ich war, doch ein andrer, als künftig ich bin.

Nachsatz:
Das sicherste, frau, ist der irrtum: im milden november
brennt auf die kastanie und liefert ihr lebendes holz

nun aus an die nadeln. Ach, sterbliche freundin, verlegne:
gieß flammendes öl auf ein maßloses meer nicht, es wär
ein friedloses feuer. Ist wiedergekommen die alte
liebe, nach jahren: die alte liebe blieb aus.

VON DER GENÜGSAMKEIT

1
„Du auch, mein freund, auch du?: Was ich verstand
nach alter deutung, hieß: ‚Mir reichts!' – Ich knot'
den strick nicht fest, und bau nicht an den mohn!",
so sagte ich. Indess, er sprach, so scheints,
für andre ohren, reden gegen grün,
ich hörte dies: „Nun gut, jedoch: wozu?
ein nacktes bad, die wanne weiß, der raum
verschalt mit kacheln? – Allenfalls genügt
der wasserhahn. Und hier, die jacke: paßt!
Warum denn leichter und figurbetont?
Wieso, und jetzt!, zu unterscheiden lernen
die sorten weins?: mir strudelt jeder ein.
Ich esse, was mir vorsteht, und betreib
die zeugung kunstlos. So nur ist's natur.
Die meine, mein ich. Glaub': mir reicht es!" –
                            Da
begriffs ich's denn: Ich schneid den strick nicht durch!
Die dürftigkeiten sind bedürfnislos.

2
Er sagte auch: „Du gierst nach überfluß,
schlaraffenländern ohne heldentum!
Du schreist nach lust! Ich will die welt verändern!"

Da sagte ich: „Nun gut. Jedoch: warum?"

PRAGER BRIEF

Wer möchte schon streiten?: der schatten am hradschin, vielleicht
ists er nicht gewesen, kein poltern von tönernen füßen:
der rabbi wars müde, verbraucht von den mythen. Und franz,
mag sein, er ist tot – die gerüchte behauptens. Ich leg
die bittere mandel (du hast sie gekostet) ans grab
wie last und gedenken. O heitere wehmut: Das ist
ein hiesiger friedhof, da seh ich, da sah ich die fotos
verblichner, verblichen, in schwärzliche steine gefaßt:
verlächelnde augen! Zu unzeit, zu zeitig geboren!
Sie würden am abend, aljena, maria, mit uns
die kognaklaternen gehörig entzünden, beliegen
die flammenden nester, und euere kinder und ihre,
sie hätten besessen im mutterleib schon und danach
ein vaterland, lustvoll, und also das leben.
                                    Ich stand
auf brücken, es wandern am grunde der moldau die steine:
das weiß man. Und dieser gesprächige platz in der nacht,
wie schön ist er, freund, aus den steinen geschnitten! In allen
verführungen glänzen die neonkristalle, der glimmer
verglimmt nicht, ich sagte: der platz ist ein haus ohne dach.
Da lächelte petr: das dach ist aus blühender luft.
Du kannst es am mittag im flimmerlicht sehen.
                                    Er ging
im zirkus so grad auf dem seile, als ginge er hin
zu ebener erde, zu ebener erde zu prag ...

HAUSSUCHUNG

Sie suchen und suchen: es.

Sie suchen es über den türen,
sie suchen es in den schränken,
sie suchen es in den kartons.

Sie suchen es hinter den büchern,
sie suchen es zwischen den büchern,
sie suchen es unter den laken,
dem bett und im ofen sogar.

Im spülkasten suchen sie es,
und suchens im klo.

Ich würde es ihnen ja geben,
wenn ich es hätte.

Aber ich habe es nicht.

Sie suchen wohl was, das sie brauchen,
um zu beweisen, daß man sie braucht.

KAMILLE

Die pflanze kamille, stadtwüchsige art,
ach, meine schwester, ist sanft und zart.
Hat sich was grünes zusammengespart.
Das mißt sie mir zu.

Woher, kamille? Aus gegenwart.
Wohl über drei hügel ging morgens die fahrt.
Und komm doch aufs feld nicht, und find keine ruh:
hart werden ist hart.

Reißt staub sich hoch, und den rauch schlägts nieder,
ist ihr geworden ein bittres gefieder,
das fällt, will ich wahr sein, mir schwer ins gewicht.
Die haltbare aber sagt immer und wieder:
wage das lachen und fürchte dich nicht.

Kamille, auf schuttgrund und baugelände
blühst du. Und das ist schon viel.
Soviel, daß wenn nichts mehr ans dasein mich bände
(nicht sinne noch sprache noch meine zwei hände)
ich darum das kommende aushalten will.

FIGURATIONEN DER FARBE ROT

1
Denn hier beganns. Wie überall. Auch hier.
Vielleicht so zag wie aufstehn früh um vier
bei schmalem regen, schuppig der asphalt
von zeitungsblatt und lindenlaub. Doch bald
schießt farbe ein ins offene geviert:
mein großes rot! Und dass ihrs nicht verliert,
steigts hundertfarbig, dämmert, flackert, loht,
macht froh, macht müd, ist da und aufgespürt:
wärs farblos auch: was rose heißt, ist rot!

2
Die rose: ja! O zartes blattgeäder
wie eidechsleder, flosse, finkenfeder ...
Und dann des pfirsichs milde tönung, weiblich.
Und dieser porphyr! Und die unbeschreiblich
belebte freude einer maskerade!
Auf dornen lichtes kreisen präparate
in den labors. O lackmus, der errötet!
Und auf kanistern – die sind zugelötet –
der radiumklee. Nach allen fehlern spürt
der lehrer nachts. Wird, so er sie befehdet,
im heft des schülers selber korrigiert.

3
O gartenwarme, herbe beerenbeuten
im netz des hochjahrs! Im gebälke läuten
die kirschen gläsern zu den stieglitzreden.
Melonenrot! Und mohn! Und maisstaubfäden!
Und mischt gewachsnes mit geschaffnem farben,
glühn eisenspäne auf wie frische narben,
dann schlagen aus dem schleifstein funkenruten,
schwemmt schweiß vom leib das heiße feuerbluten
des ofenabstichs. Lob der arbeitspausen!

Und wie dann, abends, aus den kupferbrausen
ein wurzelkraut – das wasser – eilig wächst!
O tabakbrand, der an den haltestellen
zinnoberpunkte hinters tagwerk setzt ...

4
Die ziegelfarbe. Dächer. Motorräder.
Ein stöckelschuh. Der bucheinband aus leder.
Die kinokarte. Eines vorhangs welle.
Herz neun, verloren an der bahnsteigschwelle ...
O hohes mahl: tomatenrot und schinken
und fleisch im topf und roter wein zu trinken!
Der freundin mund. Und wie das blut sich staut,
bis wir verwachsen, und das herz wird laut
und ist erschüttert von des leibs entdeckung:
befröhlicht also, spiel im widerspiel.
o rot des haares! Gelebtes ist bewegung:
wer nicht die herkunft kennt, weiß nicht das ziel.

5
Vor kameras der rote, runde filter:
welch eine klarheit strenger wolkenbilder!
Das ampelrot: nichts wird uns überfahren.
Die feuerwehr: dass wir den brand verwahren.
Des leuchtturms rot: dass keiner sich verirrt.
Die flaggenkreuze, die uns ofenbaren,
dass, wer zu retten ist, gerettet wird.

6
Wer pflanzt, der wächst. Was keiner fand: erfind es!
Wie aber ist (du fragst) die form des windes?
Geballte fahne. Also faust. Die bot
das rot nicht auf, doch sie ernährts. Verkünd es:
in allen farben sag ich: rot, rot, rot!

KEINE ERINNERUNG ALS DIE

Da doch der ort ihm die dauer verlieh
(wuchs übers aug mir auch wimper und brau'),
obzwar doch die krähe wie anderswo schrie:
von allem vergessnen vergesse ich nie:
himmel, beflogen, septemberblau.

DIE WEISHEIT DES FLEISCHS
(1971–1973)

KLEINE HEIMKEHR

Hinter den mauern, wo standhaft die mauern
stehn und unnahbar, wie, über ein kleines,
dachte ich, könnt ich dort leben: nicht groß,
doch aber angstlos wie einer, der noch
gar nichts von all der bitternis weiß:

zumutbar wär mir ein mittlerer mut.

Irrtümer, rosenkranzperlen! Ich bet
abschiedslos ab die geschlossene kette,
dachte: blieb weniges, wenigstens blieb
tief in den dünen erheiterter leiber,
tief in den zellen zentraler gehirne,
tief in den zimmern, durch die ich mich wohnte
- nicht nur in akten – ein abdruck von mir.

Irrtümer, rosenkranzperlen, mein gott!
Ausgesiedelt aus säufergelagen,
offnen gesprächen und zeitung und saal,
bin ich wohl worden ein wildes gerücht,
wahrlich begreif ichs!: die pressegepreßten
köpfe besetz ich: in staubsaugern dreck
oder der sand im getriebe und zwischen
knirschenden zähnen: die freiheit des brots.

Wirklich entlohn ich den taxichauffeur.
Wirklich erblühet die kognacrose
groß mir im magen, ich wälze im ruß
wirklichen pfeffers die saftdunklen steaks.

Wirklich verdachtlos versuch ich zu denken.
Wirklich, o meine gelungenste liebe,
laufe ich über im ächzenden kahn,
sitz ich im vollroten weinstock der küsse:

der ist mein mastbaum, die rebe das lug.
Wirklich: wie meersalz kratzt auf die begierde
meine zerredete stimme und mich:
einzig erhabne standarte: das glied!

Wirklich auch spül ich aus klirrenden flaschen
schimmlige bierpiss und krümle ins blättchen
tabak und rauche ein bittres gesträuch,
dornigen drahtbusch, und machen mich müde
diese ermüdeten freunde. Und wirklich:
ansichten hab ich, doch aussichten kaum.
Also zu hause, komm nie mehr ich heim.

Denn ihr entsinnt euch: wo zweifel nichts gelten,
saugt die verzweiflung, ein gier-schwamm, uns aus.
Seine gelegenheit zwar hat im dunkel
noch die verwaschenste helle. Jedoch:
wem ist das tröstung, sobalds ihn betrifft?
Stets noch macht streitig der steckbrief vom dienstag
folgenden frei-tag. Wo immer laternen
bogten vorm fenster: geschwärzt warn die wände
nächtlich mit fluchhohen kreuzen, mein gott,
oder wir schwammen im stahlstarren netz
schattens ... Was bleibt denn zu sagen? Ihr wißts:

Wenn wir nur stritten um alles, genügt
letztlich, ihr lieben, das wenige auch.

Aber doch nur, wenn wir streiten um alles.
Aber nur dann.

GLÜCKLICHER TAG

Leicht komm ich leichten leibes zutage.
Von meines aufstands schneerner nelke
ist blühend belobigt dein fröhliches fleisch.

Zu selbiger stunde erkennen mich an,
da alles geplante nach wirklichkeit zielt,
befrüht von den hageln des weckers wie stets,
als unseresgleichen unsere feinde:
nun werde ich endlich und offen beschimpft.

So wagt denn mein gras, auf den wurzeln
immer noch, grün zu sein.
Ich hab eine hoffnung: zwei hände. Ich weiß
wie brassen schmecken und braten und brot.

Gäste gen abend. Ihr rotweingelächter
nachthin. Da nehmen mich ein und mich ernst
die freunde, denn nun widersprechen sie mir.

Welche genüsse! Der mond ist ein kognak.
Der mond ist ein hintern. Der mond ist der mond!
Welche genüsse! Und lesen. Und schreiben.
Wissen: für einen, der geht, unerreichbar,
sind letztlich die überholten allein.

Und wissen auch: keiner der ihren zu sein.

REDE AN EINE REICHLICHE MAHLZEIT

1
Siehe, es kommen die höheren zeiten, und höchste
zeit wars für diese gemeisterte mahlzeit, da dampft
aus sämtlichen töpfen die fröhliche wahrheit, ich preise
aufs neue von diesen gebrauchten gebräuchen das essen,
benenne die speisen als freundlichste freunde sogar,
werd stark und verträglich, solang ich die würze vertrag.
Mit knurrendem magen begrüß ich die brühe, die zwiebeln
mit freudigen tränen, mit augen wie weihnacht die gans.
Und aufwölbt mein bauch sich zu eiglattem globus nach kleinem.
Fünf finger hat wieder die greifende hand meines sinns.

2
Das fleisch war am anfang, o rosenes, mild marmoriertes!
Am anfange war es, und fließt durch die adern, das steak,
im pfeffer gedunkelt, erwartet den esser, und zwiebeln
und rettich und knoblauch entsinnen sich ihres berufs.
Da nenn ich des fleischgotts genialste erfindung sein kaßler:
noch einmal lebendig sprangs auf in der singenden butter,
dem kupfernen tiegel entstiegen gerüche und prallten
zusammen mit flachen geräuschen. Da lieb ich gebratnes
im gleichmaß wie große gedanken und phallische nächte,
da wird ich ein andrer vom weinfarbnen lobe, und hier,
in rußdunkler küche, erfand man die revolution.

3
Hab freunde geladen, und dich und dich auch, doch es bleiben
mir etliche stühle da ungewärmt leider, die teller
so rein wie der honig, und gelbliche brühen verdampfen
in weißer enttäuschung: so gehen gesichter davon.
Denn ernst nahm wohl mancher da unsere feinde, und an
die listige ladung, weil dort auch das speisengeröll
die tische behügelt am diesigen abend: der krebs

kappt kühl das bewusstsein, die auster umschließt es. Nun ja,
da sparn wir den abwasch, ein abwasch ists, freunde, wir machen
jetzt tabula rasa mit diesem und jenem, ein spaß.

4
Na, feind, willst du fortgehn? Ich find dich ganz brauchbar: du sprengst
den glashellen essig auf gelbgrüne segel salats,
du würzest die suppe, die fettäugig blinzelt, gewiß
mit erdherben weinen und machst das gehirn mir potent
durch deine verfluchten vergleiche: o seltne symbiose!
Und nennst du rhinozeros mich, grüß madenhacker ich dich.

5
O treibt mir die farben ins hilflose auge, gewürze!
Ihr presstet auch tränen aus mir schon, den saft der Zitrone.
Ach, pfeffer, gesprenkeltes pulver, mach scharf mich mit schärfe!
Da wächst mir der schnurrbart, das milchkraut, da bin ich bereit
für würzige nächte, in denen die schweißperlen rolln
aus stirnenen muscheln. – Den paprika preise ich auch,
doch immer den scharfen, den heftigen, fahnenrot groß,
der reißt mir am gaumen gleich fingern an einer gitarre,
der könnte mich wahrlich zur selbstkritik bringen: ich schwitz
mich atemlos durstig, hab einst ich die soße verwürzt.

6
O salz, du reif meines gaumens, du sand meiner zunge!
Woher denn, du helles, ach kamst du vom rieselnden meer?
Dann haben dich hilflos dort all die verlassnen geweint
auf gilbenden stränden. – Ach, salz, ich bin nichts als der rettich?
Den machtest du traurig, erinnerst ihn kalt an die erde,
der einstens er beischlief, da weint er so milchweiß. Ach, salz,
erklär, wie sich einer, in beizender lauge gelegt,
erwehrt der kristalle! Ach, salz, da verschütte ich dich:
erkannt wird, wer jammert. Es leckt an dem salzstein gewiß
mit feilender zunge seit zweitausend jahren das lamm.

7
Ihr söldner, schmeißts kriegsgerät weg, denn die bomben-gelege
sind immer zu stinkig, die steaks aus den stiefeln zu zäh,
zu bitter die beeren aus blei. Und die riesen-makkaroni
der kahlen Kanonen: wer könnt sie verdauen? Schmeißt weg
das törichte eisen: ich habe spaghetti mit schinken
und buttrigem käse! Ihr söldner, schmeißts kriegsgerät weg,
hauts hin für den rostfraß, die schwankenden fahnen rollt ein!:
die farben der früchte sind dauernder freundlich und frisch.
Baut grünkohl und sellerie an auf dem schießplatz! Salat
schießt besser als flinten! Und glaubt mir: es lohnt sich! Es lohnt,
für künftigen kuchen und weißnackt gesottenen fisch,
lasiert mit dem flimmernden saft der zitrone, alsbald
das mächtige buch des herrn marx zu studieren, denn das
ist letztlich die philosophie vom genießen der welt.

8
O wechselnde fluten von grünem, ein schimmer in blau,
o wechselnde fluten von magren gemüsen! Da schwemmts
salat aus den schüsseln, es zappeln die bohnen zum mund
wie werdende aale, des spargels empfindliche kerzen
blühn grün, und sie dochten wahrhaftig uns heiterer auf
als lichter in kirchen, und sicherlich nützlicher auch.
O welle geschmack, an den buhnen der zähne eröffnet!
Ich singe mit randvollem munde und preise die fülle,
ich sag: nach der form einer sanftsüßen möhre erfand
die menscheit den faustkeil, die mann-schaft ihr haltbares glied:
wir haben begonnen in allerlei duftenden früchten.
Die kugel tomate schlägt ein und zerschlägt nichts, es steifen
die seltsamen salze das lasche gewebe, und so
beginnt nun, was einer die würde des menschen genannt.

9
Nun hab ich gegessen, nun ruten die sträucher ins zimmer
mit platzenden beeren, dies angebot pflaumen zuletzt,
der pudding mit milchfarbnen mandeln: vergnügliche weile

bewegenden friedens. – Nun hab ich gegessen, ich trink
die sandfarbnen biere, den ziemlich verschnittenen schnaps,
ganz ausgefüllt bin ich mit welt und mit mir und verdaue.
Fast alles verdau ich. Ich preise die köche, ich sag:
die köche verbessern die erde. Und so will ich werden
gelegentlich einer, der sehr seinen namen verdient.

DIE ULPA-FRAU

Die ulpa-frau aus reykjavik
wird siebenmal im leben dick,
doch trägt sie höchstens dreie aus,
was für ein einzelweib genügt.
Die wohnt, wo's paßt, und hat kein haus.
Die säuft aus angst und ist vergnügt.

Die ulpa-frau aus reykjavik,
die säuft als wie ein dünenstück!
Und bleibt doch trocken nüchtern bei
gleich kognakbraunem, leichten sand.
In ihrem bade haust ein hai,
der frißt ihr zahm aus leerer hand.

Die ulpa-frau aus reykjavik,
ihr hai ist aus der fischfabrik,
wo sommers sie konserven füllt.
Da stinkt sie halt bis unters hemd.
Doch in den nächten, geysirmild,
hat andrer duft sie überschwemmt.

Die ulpa-frau aus reykjavik
stellt winters palmen sich vor'n blick.
Doch wenn die sehnsucht sie bespringt,
wird sie sogleich europa-toll.
Dann kommt sie her. Und flucht. Und singt.
Und schwenkt den schwangeren bauch vorm zoll.

Die ulpa-frau aus reykjavik,
die zieht sich an nach eignem schick:
patronengurte umgeschnallt,
mit zigaretten aufgefüllt,
die jeans wie krokodile alt,
die kutte pergamentzerknüllt.

Die ulpa-frau aus reykjavik,
die grölt zigeunernde musik.
Im exquisiten restaurant
den kellnern wirft sie teller nach:
Die wartet halt nicht gerne lang.
Die sagt: ich mache, was ich mach.

Die ulpa-frau aus reykjavik
mag immerzu das mittelstück
von jedem fisch, von jedem mann.
Die sucht sich jede nacht noch wen,
der neunmal in sie einfahrn kann.
Und sagt dann früh: 's ist nichts geschehn.

Die ulpa-frau aus reykjavik:
wir zogen einst durch dünn und dick!
Verscholl sie, ists nicht schlimm noch schad
denn bin ich übern alterssprung
und krieche krumm und schmecke fad,
dann ist sie mir im kopf noch jung!

RIMBAUDS ANKUNFT

Gib mir ein lager heut nacht, mag es sein, wie es will,
irgendein lager, so hart wie der streit (das parkett
läßt sich beliegen), so weich wie die beischlafgespräche
könnte es sein, oder wenn du ein wenig der glut
löschtest, ich schliefe heut nacht auf dem brandigen herd.
Alles, was möglich ist, reicht bei der ankunft. Erst später
will ich, ist sämtliche wirklichkeit gierig verbraucht
samt ihren träumen, dann alles: dann schweig ich. Doch jetzt
gib mir ein lager. Denn mehr könnt verlangen kein gott.

Freilich zerbeiß ich den grannigen grashalm seit stunden.
Freilich, wenn du willst: dich würde mein mund übersetzen.
Freilich, wenn du willst: ich wollte, was jedermann will.

Aber ich sag nur: gib mir ein lager heut nacht,
gib mir ein wenig papier, das nicht wegknickt, ein tröpfchen
trüblicher tinte, und stell die verbrennende kerze
hier in die ecke, als sei sie des tischs erektion.
Oder gib nichts als ein lager: ich brauche nur das.

Denk nicht, wir blieben gleich freunde deswegen: wer alles
wollte, kann nicht sich mit wenig begnügen. Und doch:
gib mir ein lager, wie's immer auch ausgeht. Versteh:
gläubiger stürzen aus sämtlichen türen auf mich,
wollen mir pfänden den stinkigen knaster, die läuse
wolln sie, sie wolln aus den pfützen das trunkene schiff
stehlen, weils endlich ein meer aus den tümpeln gemacht.

Gib mir ein lager heut nacht, mag es sein, wie es will,
irgendein lager. Die truhe dort: nagle mich ein.

SO EIN LEBEN

So ein leben lebenslänglich:
garteninsel, schwalbenschwelle,
einer hier klaviert verfänglich
morgens in der birkenhelle.

Eine hecke rauchs zu ziehen
aus den dünnen tabakzweigen.
Worte schön und phantasien
auszukramen aus den geigen.

Saufen, saufen, schönes saufen,
jede bierkuh ausgemolken.
Manchmal voll zum überlaufen,
sah ich schöne schenkelwolken.

Aus den großen flaschenorgeln
zieht mein bauch die schärfsten töne.
So in deine wohlfahrt torkeln,
meine liebe, meine schöne.

Und die großen schaukelkähne
nachthindurch in schwung zu halten.
Überlaufen, eh die hähne
brüllend ihren hof verwalten.

Und am ende jedes klingen,
kirch und kirchturm aufzuheben:
ists ein leben im geringen,
ists doch kein geringes leben.

GELBE FAHRT

Nach b. zu fahren und sehn: ein kürbishaufen
im hinterhof, als wärns kanonenkugeln.
Die blonde freundin hält den neuren mann
mir vor: ein wachslicht. An den friedhofsmauern
entbinden greise von vergilbtem wasser,
bis gegen morgen sauf ich blasses bier,
verweigre dem geschlecht, was ihm gebührt:
wer öffnet wem in dieser stadt ein bett?
Ein glas zerschmeiß ich, unter freunden, schneller
als schnecken schrumpfen die in ihr gehäus.
Die astern rauchs vor meinem blick zerfallen,
mein lachen armt: ein schmaler klingelbeutel.
Zuzeiten nur, im gelben licht der ampel,
und einmal nur, und vor dem langen rot
marcell zu treffen. Hingefragt, danach:
wozu die fahrt?:
                ein kürbishaufen lag
im hinterhof. Als wärns kanonenkugeln.

VOM HALTBAREN JONAS

Schon in mutters kugelbauche
dieser jonas um sich stieß,
daß, entgegen allem brauche,
bald das weib ihn fallen ließ.

Als sie ihn ins leben schlugen,
in ihr kakerlakennest,
weil sie ihn nicht gern ertrugen,
blieb er leben aus protest.

Und es gingen nach paar jahren
mama, papa, tot von gift.
Jonas ward ins heim gefahren,
weil er auf das grab geschifft.

Denn die können nicht begreifen,
daß zynismus selbstschutz ist!
Statt sich seinen strick zu seifen:
lieber ins kompott gepißt!

Oh, das kindlein schwer erziehbar,
das des lehrers stullen stahl!
Als es einsam wie ein vieh war,
ward' es wie viecher asozial.

Und so lernte jo beizeiten,
durchzusehn in blauem dunst,
lernte alle haltbarkeiten
und diverse fleischeskunst.

Allen schwanzfalln aller huren,
nun, entkam er halbwegs heil
Nur die messer aller uhren
schnitten ihm ins fleisch bisweil.

Freilich, als die liebste liebe
ihre kirche ihm verschloß,
bloß damit er leben bliebe,
er allnächtlich überfloß.

Freilich, als die herrgottssteuer
preisen sollte gerade er,
schmiß er grünes holz ins feuer
und ging fort und weinte sehr.

Freilich, als ihn rief der alte,
blieb er unentschuldigt fern,
weil nicht gott sein essen zahlte,
sondern er bezahlt's dem herrn.

Freilich, als er künden sollte
altgewohnten freiheitsquark,
lud er sich, indem er grollte,
mächtig auf und wurde stark.

Und er ward hinausgeschmissen.
Höflich zog er seinen hut,
sagte lächelnd: wie sie wissen,
frischluft tut besonders gut.

Zwar, die mannschaft hat gezögert,
doch der sturm war fürchterlich.
Also hat sie ihn verhökert
an den großen, großen fisch.

Und sein maul ist nicht zu stopfen,
sagt, wenn ihn die welle nimmt:
Wenn ich nicht ersoff im tropfen,
wie im meere, drin man schwimmt?!

Hinterm walfischrippen-gitter
singt er ein paar tage lang.
Da er auch um andre zittert,
hält er sich wie im eisschrank.

Kriecht schon fast auf allen vieren,
aber wird nicht kriecherisch.
Sagt: was kann mir schon passieren:
Nicht mal einsperrn könn'se mich.

Und er lachte sein gelächter,
zähneknirschend, aber laut.
Und er ward des bierstalls pächter,
soff sich fast um seine haut.

Aß wohl auch die schönen hühner,
eh' er in die freundin sank,
denn vom essen wird man kühner,
und vom beischlaf bleibt man schlank,

Und er kommt in allen mühlen:
Ganz zerrieben wird er nicht.
Muß er seine haut versielen:
Lieber die, als sein gesicht.

Wo ist jonas nur geblieben,
den der wal ans ufer speit?
Doch im buche steht geschrieben
allerlei von haltbarkeit.

VERFÜHRUNG

Ich halte mich zurück in meiner list.
Zwar spar ich nicht mit meiner gegenwart
und sage gar, was mein begehren ist.

Doch bleibe ich trotz des begehrens hart,
und laß vergleichsweis träge meine hand,
und hab das größte immer ausgespart.

Denn schließlich will ich mehr als nur den rauch.
Denn schließlich will ich, daß du selber nahst:
nicht dich verbrennen, sondern deinen brand.

Und wenn ich scheinbar schlafe neben dir,
geschieht es oft schon, daß du näherrückst
und ich dich ganz bis in die mitte spür.

Und wenn du dich an meinen rücken drückst –
es ist dein sanfter kopf mir zugeneigt –
und wenn du schon mit andren augen blickst,

da sag ich wohl vom wasser: daß es steigt.

DU WIRST ES WIEDER SAGEN

Das bier steht im kühlschrank. Die dunklen, erstaunlichen steaks,
sie schwitzen im salze. Das öl in der pfanne wird laut.
Du brauchst nicht zu weinen: ich habe die zwiebeln enthäutet
und rettich gerieben zu flocken, schon ehe du kamst.
So wolln wirs denn halten, und wolln nach dem essen sogleich
noch baden die teller: bleibt stehen der abwasch, so steht
uns bald bis zu halse im spülicht die liebe wohl auch.
Könnt sein, du willst nachrichten hören, behauptbare wahrheit.
Ich werd bei der fröhlichen zeitung dir nah sein, ich werd
bei tödlicher meldung, die täglich aus wirklichem schlägt,
dich fester umarmen, dann spürst du: wir leben ja noch. –
Sag, brauchst du noch etwas? Und sage mir auch, was dich stört.
Nun ja, das rasierzeug ließ liegen, der vor-kam. Indes:
wer leblang die einzahl nur kannte, hat keinen gewählt.
Sein maßstab ist einfalt, was sollte ichs leugnen, doch hat
noch keiner belegen dies laken. Das handtuch ist frisch.

Der rumfarbne tabak riecht süß nach vanille und zimt.
Entzünde die kerzen im gläsernen leuchter und blicke
dich um im gehäuse: so lernst du mich kennen. – Und richte
bequemer dich ein nun, mein freund, und auf weiteres auch. –
Trink achtsam den kognak und habe noch etwas geduld.
Doch wolln wir heut nacht nicht auf sahnigen daunen, wir wolln
in brennesseln liegen: es wäre das letzte wohl nicht,
weshalb du gekommen. –
                    Ich kann dich nicht halten. Doch bleib.
Haben wir mehr als ein einziges leben zu zweit
wie sichs auch stelln mag, doch sowieso nicht mehr zeit.

BERICHT

Der mann aus ihr
           fällt.
                    Das gezeugte
leben bald nach ihm. Ihr stolz
nennt es, und ihrs nur, ihr kind.
Aber die zähne, schon er
schlug sie ihr brüchig, das haar
schmutzgraute vorher. Was zerrt
einen (sie lüstete sehr)
der noch ins leben? Und die
säuft, also dieses, die säuft,
säuft: folglich morgens, der nachts
nichts als ein loch fand, auch der
fort so gesichtslos, sie merkts
monate später, da stürzt
wiederum leben aus ihr,
die nichts gelernt hat, die tags
bierflaschen abfüllt, ihr sinn
sucht den katholischen gott.

Für sie – schon regt sich das dritte –
spricht die brigade, doch dann,
einmal, beim ausflug, im suff
hinter nem busch mit dem mann
einer, die etikettiert.

Also das dreckswort:
ausgesetzt wird's wie ein kind,
angesetzt ihr wie ein kind.

Durch die gern brannte, schwappt schnaps,
brennend, verbrennt sie, die Kinder
wachsen, die strümpf sind gestopft:
alles in ordnung, wies heißt.
Abfüllt die frau, von den zungen
aller beschwiegen, ihr bier.

ETLICHE DICHTER

Etliche, also zu viele der heimischen dichter
haben die alternde frau nicht gesehn, in die abends
keiner mehr eingeht, und haben die magermilchfarbnen
nachtkeller nicht in den bahnhofsgaststätten gesehn
und nicht das begräbnis des gatten und nicht das des kinds.

Etliche, also zu viele der heimischen dichter
haben die fraun nicht gesehn, die beim bäcker und fleischer
leben verwarten, und haben die jungs nicht gesehn,
denen sich plötzlich die mädchen verweigern, und nicht
sahn sie den stockigen alten, der immerzu bier trinkt,
sahn nicht die mutter, die vierhundert mark kriegt im monat,
haben auch nicht die bedenklichen männer gesehn,
weinend wie kinder in jedem gefängnis der welt.

Etliche, also zu viele der heimischen dichter,
etliches, also zu vieles sahen sie nicht.

Sahn nicht: der alte, gescholten als säufer: die öfen
füttert er ihnen um weniges morgens, die frau,
einsam mit fünfzig, webt stoff für den anzug, es füllt
ihnen das bier ab die frau mit dem kleinstlohn, sie zahlt
extra noch steuern: so nährt sie die heimischen dichter.

Etliche, also zu viele der heimischen dichter
fallen in klage um ach das zerbrochene gras,
harrn des applauses, der ausbleibt, sie schauen sich an
tränenden auges, dann trösten sie wieder einander,
wedeln sich zu mit den versen und: loben sich sehr.

CHORAL

Ist er bei sprache denn nicht? Ging er dem gegner ins blatt?
War er vergeblich?, das wär: niedergeschwiegen zu recht?
Oder sind wirs, die den mann zwischen den siegen verlorn?

Weißt du, ein lichtloses haus ist so ein schubfach, wir stehn
ohne die einsicht davor. Doch wer nicht irrte mit uns,
bleibt er der unsere nicht? Sieh diese waage, die kunst:
steht nicht im zentrum der stamm still, doch ertragend? Ich red
rühmlich von ihm, denn es ist ausgepreßt bald schon die uhr,
klare zitrone, dem tee schlägt ein erblassen heraus:
wer sich den zucker nicht löst, schmeckt etwas gelbes in ihm.

Einer, nicht jubelbegabt, ist für die klage zu stolz,
redet geduldig: der schnee spricht sich nicht anders zur saat.
Da er uns singt die natur, kann er denn außer uns sein?

Wer nicht das gras wachsen hört, wird in der donnerwelt taub.

KLAGE DES MALERS

Alles verlier ich, indem ichs bezeichne.

Damals der könig, der esel, zu gold
ward, was er angriff, der esel: auch ich
treibe desgleichen, ich töte: da bleibts,
töte ich kundig, wohl über die zeit.

Ach, den ich aufheb zum wurfe, der stein,
härter als eisen, der fällige stein,
fällt – und zerfällt mir zu farbe und form,
folglich: bekanntes.
                Ein lockerer leib,
dunkelnder tee in den halmen und kühn
zwischen den tüchern: auch solches vergeht,
all mein erstaunen verlischt wie der schnee.

Eilig frißt auf meine nächte der stift.

Ach, was ich liebe: ich dürft es nicht preisen!
Immer die liebe geht ein in das bild,
in mir, am end, ist die leere der leinwand,
vor ich sie ohne zu zögern betrat.

Aber ich bin doch zu anderem nie,
freunde, geladen, denn immer zum bilden.
Muß doch – und wärs, was ich brauche – verschenken.
Brauchte ansonsten doch keiner das bild.

Hier ist mein kopf, und die schulter, der arm
hier, und die finger, die feder: so fließts
raus, und das helle, vergierte papier
atmet es ein wie ein grundloser sand.

Keiner hat je mich zum richter bestellt.

Aber ich zeichne das urteil, indem
über mich selber das urteil ich fälle:
meinen beruf.
         Und so seh ich erstaunt
wahrlich die bilder, ein fremdes von mir,
überaus anders, als der, der ich bin,
aber, entsinn ich mich doch, wie ich war.

GEOGRAFIE

Deutschland täuschland (potenz: mäßig maskiert maskulin),
klein auf amerika liegts. – Sellerie freß ich. Ich hab
tabula rasa gemacht (tabak: tabu). – Überfällt
china, der chiliast, cuba? Kapabel ists kaum.
Steil staut sichs blut: errektion. Glied und rakete: es schwankt
zwischen extremen, konträr, zünglein der waage. Da schwankt ...,
Klein auf amerika liegt deut-land und china zerdrückt
cuba. – Und ich bin bei dir. – Häufig begattet sich was ....

AUSZUG EINES NAHEN MANNES

Einer gehet dahin, oder geht fort, vielleicht
holt man, bleibt er, ihn ab, dann aber wüßt ich wohl,
ob er gerne noch bliebe,
doch ich weiß es, wenn einer geht.

Einer tritt land untern schuh, oder fährt aus, als wärs
flucht, läßts fahren dahin, oder ist selbst in fahrt.
Sein könnt: hoch auf dem gelben
wagen sitzt er beim schwager vorn.

Auch auf andrem gefährt sah ich ihn häufig, nachts
zwischen hellem gestirn, achtsamen augen, klein
schwirrt hinauf die rakete.
Unten stehen die panzer starr.

Ach, zu weit muß er fort, darf doch zu weit nicht gehn:
lang und leer ist der weg fremdhin, doch länger, freund,
heimwärts: tun doch die füße
weh, und dämmerung wölbt sich schon.

Freund, wer fortgeht, und geht nicht aus dem eignen: er
läßt verlassene nicht, sondern vererbte, läßt
hinterlassene erben,
wo auch immer, vorm haus zurück.

Rede keiner von schuld! Diesmal. Und frieden, freund,
frieden dem, der da geht! Dem, der da bleibet auch!
Packt die sachen zusammen.
Habt ihr alle? Die züge krähn

dreimal: einer geht fort. Weniges nimmt er mit:
alles. Weniges ist also sein alles. Nicht
käm er über die berge,
freund, mit leichtrem gepäck von hier. Laste also ihm an lohendes vordem, machs

schwer ihm: einer, der geht, trägt er das alles, bald
alles, freunde, erträgt er.
Aber, hoff ich, er duldets nicht.

Kommts auf ihn: er verkommt. Oder er kommt davon.
Halten wird sich, wer nicht halten sich läßt. Und geht
weit er schließlich, wird einer
bald soweit sein, zurückzukehrn.

Unsre einzige welt kann ihn nicht missen, nicht
unser einziges land, nicht unsre liebe. So
geht er fort: wird erwartet
jetzt, bevor er den raum verläßt.

VERZWEIFELTE REDE

1

Luft! Und welche worte nun, und wie
sagen, wem, und ohne luft, der strick
ist, der mich so würgt, verzweiflung: ach,
daß ich weiß, wir werden siegen, ist
wenig tröstlich für die witwen, weckt
keinen blitzlang unsre toten auf.
Luft! DIe ohnmacht hat den strick geflochten,
denn ich kann nichts außer sprechen, und
einsicht ist den kalten mördern fremd.
Wär ich mutig, könnt ich mut verlangen
noch vom schwächsten, doch ich weiß nicht, ob
mut ich hab, denn so betrafs mich nie,
wird es nie, mein end wird klein sein, aber
ausgelebt die kurzbemessne frist.
Keiner wärs, als höchstens meinesgleichen,
der mich hört. Und letztlich, letztlich, letztlich
fürchte ich, der vers wär arroganz,
denn es ist mein leid, und wie ichs fühl,
unvergleichlich dem, was euch geschieht.

2

Aber wie denn sonst erklären, daß
meinesgleichen mich zumindest hört,
eine silbe etwa, die da zählt?
Nahe leute hierzuland und östlich,
macht das eure, also unsres, groß,
tag für tag, die bessre möglichkeit,
daß es jeder sieht, und schneller noch
niederwirft, was heut noch möglich macht
solchen mord, und noch und noch und noch.

3
Und sagt nicht und niemals: dies geschähe
dort, und nicht und nie im nebenland!
Steht da drüben keiner an der wand,
muß es heißen: noch – wie lange noch –
stelln sie keinen an die wand: sie kennen
keine andren mittel, wenn ihr brennt.

4
Die getötet haben, leben noch.
Aber die wir liebten, sind schon tot.
Ja, wir werden unverzweifelt siegen.
Aber die wir liebten, sind schon tot.

Nach den siegen werden wir gedenken.
Aber die erschlagnen bleiben tot.

Die sekunde zögern ist zu lang.

NOTAT FÜR TANZENDE PAARE

Ein blut, wenn ihr sehn wollt, will raus am gelenk,
will hinfalln, ein blut, aufs getretne parkett,
da könntet ihr sehen, wie blut triumphiert:
verzweifelt und rot. Verzweifelt und rot.

Da frag ich mich wieder: ist wasser ein stein?
Die dopplung der zwei: ist es wirklich nur vier?

Den wichtigen sätzen der philosophie
verschlägt es den atem vorm anspruch des bluts.
Und sind doch erklärung des tiefsten sogar.
Und sind doch so nichtig, sind sie nicht das blut.

„Ein blut ist ein ärgernis, seht ihr es, leute,
und schlaflose schlange, die macht meinen leib
zum nest für die nattern. Warum nicht moluske
noch niedere formen, warum denn ein blut?"

Daß einer es hinwirft aufs schwarze parkett,
damit ihr begreifet die philosophie
und eure gefährdung: wer alles erklärt,
was hat er verstanden? Er wird doch am end
nicht hindern des bluts triumphales gelächter,
wenns frei ist und nichts mehr von heimat versteht...

Musik nun! Und tanzt!

ZWISCHENLIED

Sparsam waren wir nie: geiz ist das ende. Nie
hofften, hoff ich, wir zwei tatlos auf wunder: wem
quoll zu brei in den töpfen
ohne zu-tat der regengries?

Also harren wir nicht: hier ist der herd (gib zu:
du hasts feuer gelegt), hier ist der tiefe topf,
hier ist fleisch, und die zwiebeln
stehn uns, glaub mir, auch uns bevor.

Dessen spott ich: wir wolln würzige speisen, heiß
niederfahrend in uns! Brodelts im suppentopf,
hier, die süßen gemüse
schnell hinein, und die kräuter auch!

Wer könnt horten, uns ist gar noch aus feuer er,
dies verderbliche gut: lieb' oder frische frucht?
Der, der's eilig verschlungen,
hats in seiner natur bewahrt.

Drum zum spargel und lauch jetzt die gewürze! Sie
geben würde dem mahl. Spar nicht mit pfeffermehl,
gib in reichlichem maße
salz und salz und nun endlich salz!

Doch in kürze (wir zwei habens uns eingebrockt,
löffeln also es aus) siehst du den teller leer,
siehst du den leerleeren teller:
deine augen in wassern tief.

He, ich lache! Und du schaust, als verginge ich,
ginge also zu früh. Aber ich lach und sag:
das war nichts als die suppe,
das war nichts als der erste gang.

DAS GANZE HALBE LEBEN
(1974–1976)

BITTE IM FRIEDEN

Leiser sprich, land, dass ich dich hör!
Heitrer sprich, land, und so bleiern nicht mehr:
ins donnergehäuse des alltags gespannt,
brülln wir genug durch gewölbte hand
in nachbars ohr und durchs nadelöhr.
Drum: leiser sprich, land, dass ich dich hör!

Leiser sprich, land, und: verständig ist mild.
Ein kind nicht, das brüllt, kein vater, der schilt.
Wie soll ich bedenken, was du mir beweist,
wenn du es mir so in den schädelgang schreist?

Wie hör ich die schüsse von fremdem gewehr?
Lands-leute, sprecht leiser, damit ich sie hör!
Verbellt nicht die bitte, ihr fahnen, denn noch
spritzen da hinter dem mauerschnitt hoch
schreie wie offenes blut: das löscht
mein lachen, das jung sein und – tödlich sein möcht:
laßt mich den schrei hörn, dass ich mich empör!
Leiser sprecht, leiser, damit ich noch hör.

Und trefft ihr mich wieder im hiesigen land,
in donnernden frieden des alltags gespannt,
ich bitt euch: sprecht leiser, damit ich euch hör!
Leise ist leichter. Leicht sein ist schwer.
Tun wir das schwerste, um uns zu verstehn,
dass aus uns selbst in die dauer wir gehn.
Land, das ist einfach. Ja, leiser sprich,
dass ich dich höre! Dann hörst du auch mich.

GENESIS

Mein vater, der sanfte, zeraltert, wurde gesichtet,
vor ich war, vor Moskau, der seine in frankreich dereinst
und dessen desgleichen: geschlechter, zu räubern geschlagen,
verschuldet, weil duldend, arglos gingen sie zum mord.

Wie soll ich sie richten? Ich bin ihren zeiten voraus.
Wie kann ich sie halten? Sie waren sich selbst hinterher.

Die söhne sind wieder das härteste urteil den vätern:
sie müssen den vätern entgehen in eile, damit
sie mehr sind als spiegel. Erst dann hat ein vater ein kind.
Was abfällt, kann wachsen. Am baum wird der apfel kein
 baum.

Die söhne sind endlich das härteste urteil den vätern.
In ihnen sind nämlich die väter wie minen gelegt.
Wir suchen und suchen, und wissen nie ganz sie entschärft:
das schlimmste in uns bleibt erspart uns: auch das ist der
 väter
mitwerk: die chance, nicht tödlich auch uns zu erfahren.

So lobt auch das urteil am end die veränderten alten.
Ja, redend von schwächen, die hart wir benennen, da härtres
an uns nie geschah, noch geschieht, ist des zornigsten satzes
begründung doch immer der frieden, in dem wir schon sind.

Und so fanden auch die verlorenen väter nachhaus.

DIE AUSGEZEICHNETE

Wir sehn sie plötzlich: sie ward an-geehrt
und kochte Suppen oder wusch die böden.
Und das ist neu, dass sie für diese öden
tagtäglichkeiten milden dank erfährt.

Doch der ist alt, der müde tulpenstrauß.
Statt sie zu finden, ward sie abgefunden.
Das sind des redners und nicht ihre stunden:
sie sitzt nicht gern im kleckernden applaus.

Gleich neben ihr – wie fern – rauscht bier ins glas.
Was ist's, das sie in solche ohnmacht lähmt?
Ihr tischtuch leuchtet: wie geschliffnes eis.

Sie sitzt im schatten, wo sie immer saß.
Und so geehrt, dass sie für uns sich schämt.
Und so allein, dass sie ihr alter weiß ...

VERSÄUMTER SOMMER

Wir stahlen die gammelnden volkseignen pflaumen vom baum,
die sämige süße, der pächter war nirgends ertappt,
so blieben wir straffrei wie er, die wir unschuldig faul
die tage durchgingen. Am rosenstrauch reiften verlegen
und säuerlich wieder die früchte: wir dachten kaum hin.

Wir warn ohne mühe. Wer brütet die rebstockgelege?
Wir nahmen sie an wie das wildgras. Ein kleines ge-engel
ließ läuten uns selber in uns, wenn wir zahm im gefild
die landhäuser gottes erblickten. Wir priesen den fluss
mit rausch-tauben sinnen als bronzen hinweg aus der zeit.
Und habens genossen. Jedoch der genuß kam herab:
wir warn ohne mühe. Und aßen die speisen, die warn
auf tellern gewachsen, und schliefen gebetteten schlaf:
ein mistliges leben. Doch ward mir ganz mönchisch zumut:
o jeglicher hügel des zehntausendzehigen gottes
bewaldete zehe! Ein abdruck des daumens der mond!
Mich blähte ein staunen, bis daß ich die fähre betrat.

Wie pocken der schweiß auf des fährmanns geeggtem gesicht.
Der stöhnte uns über, der brach das gewässer entzwei,
der bat sich schon nicht mehr um leichteres handwerk, der nahm
uns mit, und wir sahn ihn: so kehrten die sinne zurück.

Und plötzlich war alles nur so, wie es ist.

RHODODENDRON

Gewiß, gewissheit hat's uns schon zerschlagen.
Doch will ich nochmals Rhododendron sagen,
sein glühn in hellkarmin, sein weißes blühn,
und dolden blau und violett im grün.

Könnt sein, dass wir bei all den schindereien
uns mit dem rhododendron auch entzweien,
weil er sich aufkelcht rein und hundertfarb
und nicht verderblich ist und nichts verdarb.

Doch möchte ich gerne zu ihm überlaufen,
das lorbeerlaub für seine hand verkaufen,
bevor ein schlaf mich mählich mir entzieht.

Noch schrei ich manchmal und verstumm nicht zierlich.
Noch finde ich die schüsse nicht natürlich.

Das kommt: noch seh ich: rhododendron blüht.

LIEBESLIED DES ODYSSEUS

Wenn ich auf den gedanken käm,
die liebe wär vertan,
dann stünd ich nicht vor dem problem:
o freundin, glaube mir, ich nähm
den besten nächsten kahn.

Ich segelte von ithaka
ins wer-weiß-wo-land hin
nach alledem, was nicht geschah.
Vielleicht, vielleicht entdeckt ich da,
wo ich zu hause bin.

Und kriegte ich den freiheitsrausch
nach sieben schoppen luft,
da fragt ich, ob ich mich vertausch.
Und ich ertappte mich: ich lausch,
ob sehnsucht in mir ruft.

Und wär es auch ein flüstern nur:
ein hauch kann segel blähn!
Das meer verlöre meine spur...
Doch käm ich heim, dann solltest stur
du mich zunächst nicht sehn.

Wenn ich als bettler wiederkäm,
versuche so wie so
mir wehzutun mit irgendwem.
Und schmerzt mich das wie ehedem:
da wär ich aber froh.

DAS ERSTE SONETT

Da war dein haar, daß alle zobel flohen,
gejagt von scham. Und da war deine haut,
als wolle sie der mandelfarbe drohen.
Du aber sahest, daß mein haar ergraut.

Jedoch dein hohn sank wie in flüssigkeiten,
denn lauten atems lobte mich dein leib.
Da schien ein frieden sich um uns zu breiten,
in dem ich liebend, also fristlos, bleib.

Jedoch ist krieg vorm land, erbarmungslos,
der solche mühn verlangt, zu widerstehn,
daß wir zu müd sind, ganz uns zu erfüllen.

Schon bald verlegt ein harter schlaf den schoß.
Und nachtfrüh lügt man hin: „Auf wiedersehn!"
Und quält sich hilflos in die tauben hüllen.

DAS ZWEITE SONETT

Dir droht nicht mehr als deine ungeduld.

Ich aber flehe: wirf dich nicht aus dir
aus allen schulden scheu in jene schuld,
dich zu verlieren, sei es auch in mir.

Denn wie solln wir uns in die höhe mühn,
wenn du aus deiner höh gefallen bist?
Ist knapp die zeit, so brauchts ein doppel-grün.

Und spüre du, daß es vertrauen ist,
sag ich: erwart, was bleiben soll, von dir.
Bau nicht auf mich: wir wolln gemeinsam bauen.

Du kannst dich nur im eignen wirken schauen,
und nicht in eines traumes gegen-ich.

Und bleib dir treu: nicht anders wärst dus mir.

In meiner ganzen ohnmacht lieb ich dich.

DAS DRITTE SONETT

Ich kann dich nicht entlassen: nicht aus mir,
und nicht aus deiner gallefarbnen zeit.
Bald reift der schnee. Er schäumt wie rauhes bier.
Ich bin von bittren bieren eingeschneit.

Und friere schon. Ach, wie der schnee rotiert:
ein sägeblatt auf meiner armen haut.
Und meiner liebe bin ich überführt,
an der das sägeblatt wie bierschaum taut.

Doch legt der frost sein glas auf die gewässer.
Zergangner schnee baut härtres nun in mich.
Nun weiß die kälte wiederum uns besser.

Und macht uns kalt. Und macht uns schneeluftklar,
daß wir uns brauchen: es ist winterlich...

Ach, wüßt ich, ob, was war, schon zukunft war...

BEÄNGSTIGUNG

Wie kann denn einer leben, wenn er stirbt?

Ich knie in mir vor jedem pflasterstein,
den ich betret, und leugne es vor mir,
und träum, ich wär bewußtlos dreck geblieben ...
Denn was mich groß macht, mein bewußtsein ists,
das mich verurteilt, wissend zu vergehn.

An einem abend, unter freunden, auch
mit wein getränkt nach etlichen gesprächen:
ich hab gepinkelt, als die letzte bahn
die meute mir entführte. Also stand
ich ohne mich in all dem dunkel hin.

Bald fiels mir auf, mir ein, dass diese häuser,
die regenschwarzen mit salpeterblattern,
mich überstehen, wie das meine mich.

Und jählings haßte ich, was ich vermochte.
Denn lieben werden andre, was ich liebte,
weil ichs geliebt hab, aber ohne mich.

Wie soll denn einer leben, wenn er stirbt?

Ich schrei in mir, als gäb es ein danach:
laß, tod, mir wen, der trauert, wenn ich geh!

Und nur, wenn glück mich trifft (auch das ist nur
in unsern köpfen) falln die ängste aus,
durch die ichs erst begriff. So sterbe ich,
weil glück ich kannte. Also weil der stoff
für mich sich einst, und nicht für dreck entschied.

Macht glück ein fortgehn schwer, wars leben leicht.
So nehm ich weltlich meine jahre an
und lern, zu leben. Eben: weil ich sterb.

ORPHEUS AN EURYDIKE

Klag länger nicht. Schon als ich wußte, wie
ich dich aus deinem tod erlösen könnte,
wußt ich dich ganz verloren in dein ende.
Denn götter zeigen gnade nur, wenn sie
uns gründlich wissen. Nichts als zeitvertreib:
sie lassen dich aus ihrer dunkelzelle
barmherzig in des tages schreckenshelle,
und unterm räderrolln zerbricht dein leib.

Wär schwerer meine prüfung, wär sie leicht.
Ich aber kann, du weißt es, nicht nicht sehen.
So wußte ich, das wir zugrunde gehen,
wies götter wußten. Und es ist erreicht.

Ich sah dich gegen jene hoffnung an,
daß irgendeiner je entkommen kann.

ÜBERGANG

Aus sich selbst heraus, aus der uferenge
überging der fluß in die ebne, seine
fische nisten bald im gesträuch, die schneebeern
steigen wie blasen.

Dann im netz eroberter bäume gründelt
gründlich sich der wels in sein ende, nämlich:
wie im bernstein wird, der das seichte wählte,
liegen im eise

eines tages abends: die fröste gehen
streng wie christus über die weichen wasser,
und es finden nicht mehr zurück die wellen
unter den füßen.

Graugeädert reifet der marmor, kuppeln
weißer kirchen wuchern an pappelstämmen.
Selbst die grünen risse bezeugen wieder
stärke des steines.

Aus sich selbst heraus, aus der uferenge
überlief der fluß. Den geschwächten aber
überplattet bald das gestein. Das wasser:
aufhob's den fluß.

DIE GEHÄUSE-FEIER

Wie ihr erbauer sah er seine dinge,
als er gereifter ins gehäuse trat.
Und jede tür war eine vogelschwinge,
die ihn in warmem weiß um durchflug bat.

Und waldgewässer lachten in die wanne!

Als ihm der gasherd eine freude tat
mit blauen astern, schwoll die kaffeekanne.

Und er begriff und sprach: ich geb ein fest,
damit ich euch in euer dasein banne,
ihr schönen dinge, und nicht ihr demnächst
bewußtlos sucht, mein sein an euch zu binden,
bis euer glanz mich häßlich werden läßt.

Und großen rotwein ließ er überwinden
den grünen glasstamm und ihn übergehn
in gläsern, die sich, tief und offen, finden.

Und dann mit ihnen, da er sie besehn,
stieß sanft er an auf harte harmonien,
die in gespannten formen überstehn.

Wie lag auch er vorm boden auf den knien
und rieb in ihn die dunkle schminke ein!

Im leuchterzinn ließ er das ein-blatt blühen
und malte blau, als könnt er schon verzeihn
die untreu vieler, seine kleinen schränke.

Ein mächtig schneewehn wusch die wände rein.

Den dingen schenkend, gab er sich geschenke:
da durft der hohe ofen sich erhitzen,

der schreibmaschine knackten die gelenke,
die stillen stühle übten das besitzen,
die küchendinge kamen zu geruch
und auf dem bildschirm glomm ein graues blitzen.
Da wurde auch, was buch heißt, wieder buch.
Und heitre grundlag das durchlebte bett
und gegenwärtig offen für besuch.

Die blauen teller kriegten nun ihr fett
und aschenbecher hügelten den tisch.

Auch, dass er etwas zu entbehren hätt,
entließ er dies und jenes hinter sich.

Und seine dinge, rings ihm beigesellt,
warn wieder dinge, nicht sein andres ich.

Doch als er sie in sie zurückgestellt,
warn sie auf einmal wirklich seine welt.

BEETHOVENSTRASSE ZWEI A

Zwei körper lang die zelle. Breit: drei schritte,
wenn einer kurz tritt. – In des hohlraums mitte
auf einem vielbesessnen schemel hockt
die nummer krumm, verängstigt und verstockt.

Die wandfarb', pah!, erfand ein grünkohl-kacker!
Der holzwurm mulmt sich durch das brett-bett wacker.
Glasziegel vor der luke. Und wenn's wintert,
dann ist der Heizer leider dienst-verhindert.

„Aufwärm dich beim verhör!": Im zahnputzbecher
des morgens ein zylinder eis. „Kein wort
wirst du dir hier notiern, du schreib-verbrecher!"
Und neben dem spion stinkt der abort.

O umsicht!: freßnapf und besteck aus plast!,
dass auch nicht aus dem leben flieht der gast ...

NACH EINEM AUFENTHALT

Eine sprach: „Wenn's dich nicht abschnürt, sprich!
Schwächres sag, bis du nun abgeschwächt.
Wächst als Krebs die Galle: sprich um dich,
geht's auch jetzt in dir der Wahrheit schlecht."

Und ich sprach: „Man kommt darüber hin.
Wie's auch steht: mich kippt's aus allen Schuhn.
Seit ich innen ausgehärtet bin,
kann ich außen nichts mehr Hartes tun.

Ob wir nahmen oder ob wir gaben,
fällt mir, denk ich, nicht als Frage ein:
nur ein Zustand trennte, nie ein Maß."

So, wie's scheint, muß ich gesprochen haben,
da sie sagt: „Das soll's gewesen sein?"
Und ich, schon beiseite: „Eben, das."

WANDERERS NACHTLIED

Plenum um plenum: nichts gegen! Mein roll-,
mein rollmops, gehüllt in das „führ'nde organ",
der sauere Rollmops, da werde ich sauer,
wenn den ich ent-wickel aus seinem nd:
so selbstverständlich war ihm doch das:
„Über allen gipfeln ist ruh'."

„In allen wipfeln spürst du"
da unten, wurzel im uralten schraubstock
mit den historischen narben
und der historischen querschnittslähmung
offenbar „kaum einen hauch."

Die bäume sind abgehauen.
Die freunde sind abgehauen.
„Die vöglein schweigen im walde.
Warte nur, balde
ruhest du auch."

GEMÜTLICHKEIT

Sie singen, sie singen mit ihren geduldigen stimmen,
mit ihren geduldeten stimmen, sie singen vom rhein,
sie singen den rhein schön in unsere fahnen, da wird
das aug feucht in unsern kaschemmen bei unseren kapellen,
da fliegt keine flasche, da spielen sie auf zum gesange
vom polnischen mädchen, da geht kein entsetzen herum,
tanzt auf!, die begrabenen liegen in erde, die gehen
in bars nicht, wo singen ist, deutschlich, und scherzen, juchhei,
hab sonne im herzen und einszwodrei einszwodrei: drei
zitate im munde, da fahrn sie mit theo nach lodz,
die polen beschimpfen, die sind keine heimischen chefs,
auch reden die polnisch und antworten nimmer und nie
auf landweite frage: warum ists am rhein nur so schön?

Zwei salven, herr trommler! Versuchs mal mit lili marleen!

ZERBROCHENER MANN

Der ist hier und am rand, einer von unserm stoff,
sosehr hier bis ans end, dass er am ende ist,
vor die leibzeit, die kleine,
kühl verrieselt aus aller lust.

So ist hier oder war einer, den welt betraf
zwischen akten und akt, letzteres selten: ach,
unbedürftig wie steine,
zäh im gang wie des lands zement.

Der die berge erklomm, sinkt in gesiebten sand,
grau im seichtesten bach liegt, der das meer durchschwamm:
unsern mann. Und wir haben
unser mann zum verzicht gebracht.

Nun verkämpft und zersiegt – eine gebrochenheit –
starr im fleisch ein pfahl steht der beweger uns.
Und wir sehens und sagens
mitleidlos und von ängsten schwach.

So betreibt sich das leid von uns noch unter uns.
Welch ein knoten im ja! Aber wer nennts denn schlecht,
wer denn gut: die geschichte
geht die wege des kopfs erst spät.

Leben: trotz-alledem-zeit! Zwischen den zähnen knirschts
auf beim lachen der welt, wenn ein zerbrochner mann
ausstürzt. Denn da wir ihn ließen:
mühe um mühe hat er uns vererbt.

ACH, WIE LANGE SCHON dehnt fern sich dein sanfter leib,
weht gesalzener wind leicht durch dein mildes haar,
blühet zwischen den schenkeln
dir und mir die verweigerung.

Ach, ich wüßte so gern wieder dein blickeblau,
deine farben so gern, auch dieses innre land
mit den schroffen gebirgen,
die ich lösche mit thymian.

Ist ein hirte, der schor ab mir fast dreißig jahr;
ist ein rechner, der zog ab mir die sicherheit;
ist ein schaffner gewesen,
hat mir immer die lieb verschleppt...

Ist da über der see aber ein haus gesetzt,
werd ich sicherlich alt, aber ich altre nicht,
hab dort alles vertrauen,
fährt nienimmer ein zug hindurch.

Also, herze, gib ruh, male nicht nachts ein gelb,
das den ginster zerfrißt: siehe, es ist ein haus
stets ein lebensbesondrer
hühnergott, und du weiß es ja.

Kenn ja wort nicht viel, die dich ganz innen blühn.
Bins nur müde, allein zwischen die zeit zu gehn.
Und ich bitte und bitte
dich und staat und die weitre welt,

daß das heimliche gras mündet ins große grün:
sosehr sehn ich dich schon: einfügt der ganze stern
sich ins winzigste teilchen
unseres zartesten elements.

DIALOG IM DREISSIGSTEN JAHR

„Mit gelben birnen hänget im geäst
ein schattenlaub: die früchte reiften schneller
als ihre esser. Weh mir, wenn die birnen
zerfaulen, statt zu dauern unterm schnee,
und keine leutheit ist, die in den wintern
nach nahrung sucht!"
                „Was jammerst du mich an?:
dann würden bäume draus."
                        „Verstehst du nicht?:
die früchte sind gelobt, doch nicht verdaut.
So, von den freunden, die ich gärtner träumte,
liebt furchtlos mich ein knappes dutzend nur!"
„So sei beneidet, mann, um so viel gunst.
Denn was ihr zwölf mit eurem beisein treibt,
ist zukunft noch, der gegenwart verdächtig.
In eure bindung glaubt man euch verbannt
und nicht entschieden: so, als wärn magneten
zur haftung nur, nicht gegenteils, begabt."
„Und wenn sie gehen? Wenn ich nicht alle hab,
was bleibt mir dann? Ich leb in dem und dem.
Und heuer wars ein gut verleumderjahr ..."
„Wer gehen kann, solls, denn diesen hast du nicht.
Und: mangel ließ dich deinen birnbaum pflanzen
in das geländ, das von den eltern du
erworben hast, indem du sie enterbtest
von dir."
        „So wärn sie heimgekehrt in sich?"
„Indem du sie entließest aus der liebe,
indem du sie entließest aus der schuld,
gabst jetzt du ihrer letzten ruhe statt.
Und der sich trennen kann, kann weitergehn."
„Was sollte da aus meinem birnbaum werden?"
„Schlepp weg, was an ihm wuchs. Verteils. Verschenks.
Und lern von ihm, wie man gelassner reift."

ZU GUTER LETZT

Als wir erkannten, in verschiedner weise
zu stark zu sein, als daß wir uns ertrügen
auf unsrer liebe festgelegtem gleise,
war abschied möglich ohne streit und lügen
und tränenlos. Es war, als würde heiter
der liebe anfang sich ins ende fügen:
der kreis gelang, und wir gehn leidlos weiter,
ein jeder jetzt in seine eignen gründe.
Der kreis gelang: so bleiben wir begleiter.

Als ob ich dich erst guter letzt verstünde,
bin ich nun ganz in zärtlichkeit beklommen.
Und wenn ich einst mich andrem herz verbünde,
solls nicht als vorwurf auf das deine kommen.
In letzter stund gelangs uns, zu verhüten,
uns wehzutun. Mir ist die angst genommen
seit jener stunde aus entschiednem frieden:
was will ich mehr? Wie schafften wir es gar,
daß wir zuletzt uns noch solch glück beschieden?

Noch dieser schluß macht unsre liebe: wahr.

RÜCKFALL NACH GUTENBERG
(1976–1980)

ZIEH AUS, MEIN FREUND

Zieh aus, mein freund, der spaß ist hin, zieh aus.
Am schwanenteich das gras ist abgemäht.
Und dunkel ists in meinem treppenhaus,
durch den dein schatten ohne körper geht.

Vergiß mir nicht, was gut gewesen ist,
damit du nicht den weg bereuen mußt.
Und denk ans schlechte, wenn du besser lebst,
wenn du dereinst in andrer freundschaft ruhst.

So such dir jetzt ein sichres neues dach.
Du lebst nicht ewig, also lebe nun.
Und überleg nicht, was allein ich mach.
Ich werd nichts andres tun, als etwas tun.

Zieh aus, mein freund, der spaß ist hin, zieh aus.
Ich geb dein laken in die wäscherei.
Und häng ein schöngeschriebnes schild hinaus
Mein freund ist fort. Jedoch ein bett ist frei.

NEUBAUVIERTEL

Nach der kneipe, knabe, frag mich nicht.

Brav der vater, abends fernsehfaul,
torkelt nicht durch anonyme straßen,
sondern in sich selbst; die ehekräche
gehen durch und durch, und dann die frau.

Sag den kindern nichts von wildwuchs: ihr
grades denken läuft in rechten winkeln.
Und es treibt das fließend warme wasser
keine farben in die kahlen flächen.

Was wir brauchen um und um, die wände:
uns verbrauchts, die gute absicht zeugt
keine aussicht, und die bauarbeiter –
regen wässert ihre kleider, fröste
spürn sie auf der haut wie kleine sägen –:
ihre mühn zerplant der architekt.

Unzufriedne kennen keinen frieden.
In den städten der berechnung fallen
manchmal leute aus den fenstern sich.

Dieses viertels kälte ist ein steckbrief
nach dem architekten, der in seine
helle villa vor der stadt entkam.

UNTERWEGS

Da sitz ich nun in diesem kaff,
quietsch wie ein leierkastenaff
und krieg dafür nur saures bier
und bin vor geilheit heiser.
Aber mein wegweiser
weist steif den weg zu dir.

Jetzt tu ich mir mich selber an,
damit ich wieder denken kann
und flüssig wird mein stures blut.
O mühsal des geschäftes:
auf die entfernung schläft es
mit dir sich garnicht gut.

OHNMACHT ODER: DIE KUNST GEHÖRT DEM VOLKE

Ich konnte den kerl, der die frau schlug, nicht prügeln, ich windel-
weichling, bepißt von den eigenen tränen, und eine
reinweiße rose, aus sahne gespritzt, war mein hirn.

Gänsblümchen fein, und so unschuldsbewimpert, ich hab
zeile für zeile tapete gelesen: man muß
auch mal das schöne sehen im leben, zudem
spend ich mir eifrig den ablaß zusammen. Wozu
seh ich da einen, der wut in ein weib haut, wozu?

Siehe, du siehst es ja auch, und so sehen wir weg.

Lieber doch, kognak, blick dir ich ins warmbraune auge,
schau bei ner andren mir kraft in den penis, nun ja.
Nämlich die feigheit, ich habe sie vorsicht getauft.

Schön stehn so spanische wände gesellig
um uns, drischt einer mal etwas kaputt.

Süß rinnt kaffee mir durchs kehlchen, das stille.
Aber den vorgang beschreib ich! Und dann,
bitte, was bleibt: das ist kunst!

GEGEND BEI WOLFEN

Wohlstand wächst aus dreck, das werk aus rost.
Leblos ragt das krummgebogne eisen
unter schwefelangegilbten himmel:
schöner unsre ... Von den häusern schält
schuppig sich der pofle mörtelputz,
am gemäuer eine liebe losung,
weiß auf rot: so trägts der fliegenpilz.

Aber, aber!: rings die schrebergärten,
bahndammnah, es lockert die radieschen
jeder zug, der auf den schienen springt.

Laubenslums, der grünkohl schwarz von ruß.
Wochenends die kümmerliche flucht
aus dem dreck in den privaten dreck:
schöne, triste heimat!: ab und an
dürre bäume, krumm und würdelos,
wie antennen oder andre gräten.

Ist's ein weg, der dort entlangführt? – Grau
schneit der rauch.
              Der wohlstand wächst aus dreck.

DIE ANDERE LANDSCHAFT

Dort gehen die hügel wie kühe ins tal
und läuten um achtzehn uhr.
Die ausgestorbene nachtigall,
ach, dort überlebt sie nicht nur.
Die kirschbäume blühn im april,
wenn ihre natur es so will.

Dort wandern am bach salamander durchs gras,
erstaunlich wie unsre geduld.
Dort bleiben die dinge im ebenmaß,
wenn die spinne den herbstfaden spult.
Der wald steht so kräftig und grün,
daß hexen ihm ängstlich entfliehn.
Die häuser sind dort wie für menschen gebaut,
wo jeder den anderen kennt.
Der totengräber ist allen vertraut,
und so wird wohl leichter das end.

Dort ist der himmel auf farbe bedacht,
und manchmal vergißmeinnicht-jung.
Dort sagen die füchse sich gern gute nacht
in fuchsroter dämmerung.
Dort füll ich fast furchtlos mein glas.
Ach, freunde: dort fräße ich gras!

BEISPIEL UNTYPISCHEN LEBENS

Zum beispiel einer, schon als grüner sprosser
will der nach westen wechseln, aber: weil
ihm das zu öd scheint, wie wirs treiben. Hier.

O vaterland, das gähnen deiner söhne
verwechselst du mit staunen oft genug!

Dann ist versagen – freilich subjektives –
erklärlich nur, weil irgendwer mißachtet
die schöne schule und die liebe lehre
wie jener, der nicht will, was er nicht will.

Dem brennt die sichrung folgerichtig durch.
Und folgerichtig sicherung im knast:
da sieht er endlich, wo er bleibt. – Da bleibt
fürs leben was, weil was am leben fehlt.

Zum beispiel: einer, rüstig ruiniert
kommt der da raus, es wird ihm anempfohlen
die arbeit bei des stadtparks blumenheger,
daß seine freunde sehn: den gibts nicht mehr.

Doch dieser bursche trägt statt demut stolz,
der sucht nach arbeit, die ihm arbeit macht,
will nicht sich finden zwischen margeriten
und männertreu und abgefallnem laub,
und wäre gern an seiner wirklichkeit.

Und hat ein viertelhundert arbeitsstellen
umsonst bewandert, ist in keinem glied
nun eingegliedert: was ist asozial?

Tja, so gesehen: jener. –
                      Und auch ich.

URLAUBSKARTE

Ich bin in z., doch z. ist nicht bei mir.
Bei mir ist r. Das heißt: nicht ganz. Das heißt:
r. tut hier tun, als wäre sie nicht hier.
Beziehungsweise hier, doch nicht verreist.

Und ists ja nicht. Drum ist sie nicht ganz nah.
Und ich nur hier, und nicht so ganz bei r.
Obzwar hier z. ist. Und das meer noch da.
Doch ohne r.? Das meer gibt's auch nicht mehr.

Das also heißt (wenn ich mich recht versteh):
ich bin vermutlich auch noch nicht in z.,
da r. nicht z. zwecks z. und mir betritt.

Wenn ich die lage halbwegs überseh,
scheint mir der irrtum irgendwie komplett:
ich wollt zu r. nicht gehen, sondern: mit.

WILL AN DEINEN LEIB MICH FÜGEN

Will an deinen leib mich fügen
ohne furcht vor meinem end'.
Will mir einen frieden lügen,
der nicht auch die kriege kennt.

Will in deinen achselhöhlen
dunkel tun auf mein gesicht.
Will von mir das wissen stehlen,
daß ein wechsel ist im licht.

Will an deinen küsten landen:
lieber bitter sein als leer.
Lieber will an dir ich stranden,
als zu sinken auf dem meer.

Laß mich lange an dir leben,
wenn du mit mir leben willst.
Will dir wohl erfüllung geben,
wenn du dich in mir erfüllst.

Und nach überlangen jahren,
wenn ein grau dein haar beschlägt:
wenn wir wissen, wer wir waren,
wissen wir, was weiterträgt.

NACHTRAG FÜR 77

Glückte das jahr, das verging?: von der unzucht der dinge
wär böses zu sagen, käm sprache doch endlich aufs wort...

Die aber müht sich, vielredend zu schweigen: warum
las ich denn zeitung?: unwissend bin ich doch schon!

Was grünte mir aber? Die galle. Der freundin s.k.
vermutlich noch grüner, und siehe, sie fuhr aus der haut
des lautstarken landes, uns weg, und wo zu? Im gelärm
des ruhmreichen radios versteh ichs nicht deutlich. –
                              O gott,
dann knalln wir silvester das jahr ab, und schwören aufs neu
die uralten lügen, als wüßten wir schon, was wir tun...

Ich beispielsweis hab im vorjahr wohl dreimal gesagt,
daß ich wen liebe. Und dreimal geschah mir verrat...

ANGESICHTS DER ALTEN MÄNNER

Die herzlichen, wackligen männer warn hier,
die mümmler mit mägen aus zeitungspapier.
Und trafen dann also zu selbiger stund
die greise mit leergebrochenem mund.

Sie redeten lange, sie schimpften sich matt.
Am end warn die ärsche wie flundern so platt.
Und weil sie wie dörrpflaumen traurig erschlafft,
erpressen sie gern, die noch stehen im saft.

Die alten, verwackelten männer en gros,
die haben wohl säcke aus lappigem stroh,
und heben den schwanz mit 'nem hand-flaschenzug:
drum reden sie auch von der liebe so klug.

Empfehlen den weibern das kloster als burg,
empfehlen den männern den besten chirurg.
Die herzlichen, wackligen männer, mein lieb,
verkünden ihr tot-sein als lebensprinzip!

ZUSTAND

Wir haben uns eingerichtet
in provisorien. Der wind
geht durch und durch.
Arglos wie schnee
rieseln wir nun durch das sieb der luft
von fall zu fall.

Der gängigste satz heißt: Na ja ...

Vom ich zum wir, bepackt mit den teuersten
spargeln der welt,
schreitet die resignation.

Die unterhosen der kleinen soldaten
sind spermagestärkt.
O natürlicher abgang!

Wir haben uns eingerichtet
in provisorien,
die haltbarer scheinen
als der beton
an der grenze des lands.

AUFSTEHN ZWO

Aufstehn morgens: sich den schlaf absägen,
nachtfrüh, mondfrüh deinen leib verleugnen.
Drittes krähn des blechhahns!: die in nächten
ruhelos einander beigelegen:
durch des tags erzwungnen lustverlust
schlägt die nacht zu kopf als reiner markt.

Dann: sich waschen: ein gesicht eröffnen.
Eins aus mißmut. Braunes gras abhaun
und die haut mit scharfem wasser schrecken.
Mais ausschälen, kußbelegten mais,
mit der minze brennendem geschmack.
Und von wassern nur die nässe wissen:
der genuß braucht seine stunde auch.

Frisches hemd, am abend stehts vor salz,
überpelln, im stehn das frühstück schlingen,
vortagsbrötchen, hat der bäcker keine
leute, oder will sein weib alleine nicht
liegen morgens, wer verdenkts ihr... Bittrer,
heißer kaffee brüht mich auf, und unsrer
schweren lippen flüchtige berührung:
daß wir beide was zu fressen haben,
wird uns unsre zärtlichkeit versagt.

Erster zug aus zigarettenhalm,
wenn der weg bis ins gehirn mir buckelt.
Eingeordnet in die straßenbahn,
eingezwängt: die schnelle presse
prüder leute, fest der onanisten.
Überstunken wird, den ich im kopf
hochhalt, dein geruch, von schweiß und fett.

Denn es sind zerstört die proportionen:
eine arbeit, freudlos abgehaspelt,
ein genuß, der sich nicht ganz erlebt.
Trotzdem aufstehn. Sich den schlaf absägen.
Diese woche, wenn es gut geht, wenn
samstag frei ist, sehn wir uns vielleicht.

OSCHATZER ELEGIE

Wir flüchtenden narren ruhn aus im ermüdeten nest,
bevor wir es fliehen, verfolgt von dem beischlafsgestöhn
ertragener tage, ruhn aus vor geladnem geschütz
in unsrer umarmung, und glücklich verzweifelt, und schnaps
versteinert die leber. Doch rings flackern rosen herauf
in diesem november, ich sage: wie rotkohl!, und mein's
wahrhaftig ganz anders, denn wörter sind weiteren sinns,
als der, den sie nennen. – O gott, ich vermag doch, zu sein,
und kann so nicht leben, und lebe doch wiederum so
viel lieber als kälter: es wird mir nichts hart in der brust.

Der oschatzer dichter ist milde im urteil: er läßt
den schlaf uns, die süße der nähe, um die ich dich bitte
mit knarrendem herzen, und will uns was gütiges tun:
o könnt ich dich schützen vor all diesen messern in dir!
Und nicht mit den eisernen griffen des mächtigen manns...

Und wenn du zerstörn willst: zerschlag meine dröhnende angst,
zerhack meine zweifel und mach meine strenge kaputt:
in all deinen zellen liegt reichliches werkzeug bereit.

Ich liebe. Da geht ein novembergewitter hernieder,
im gasthaus zum schwan steht ein uralter tönerner krug:
o gott, wenn das bliebe! Ich trag die geliehene jacke,
als wärs ein versprechen, ich werde den stöhnenden zug
am abend besteigen, und bist du mir nah, komm ich an...

NACH DEM AUTOUNFALL

1
Pacholski ist tot. Der's erzählte,
der nannte sein freund sich, der stopfte
beim reden sich hackfleisch ins maul.
Ich wollte, ich könnte verlernen
das gruseln: wohin zieh ich aus?
Die eiszeiten kommen und gehen.
Aber pacholski ist tot.

2
Die eisigen seelen erfrieren mich fast.
Da werden die füße mir kalt zu canossa.
Doch, hoff ich, noch tau ich was weg.
Und wachsen die gläsern gefrorenen beine
nicht nach, weil ich eben kein frosch bin: ich stell
zuletzt auf den kopp mich, da sehe ich gott
und marx wieder mal ins gesicht.

3
Denn tot ist pacholski. Wer immer
die welt uns erklärt oder nicht,
kein frost wird uns werden im leben,
außer das leben. Der winter
wird brüchig allein durch den frost.

5
Das wissen um unsere ohnmacht
der letzten instanz gegenüber
bleibt unsere einzige chance.
Ich wollte, wir lernten das gruseln
nicht erst, wenn ein tümpel das bett,
der stichling die freundinnen sticht.
Nur, wenn wir vor ängsten uns fürchten,
entkämen wir endlich der angst.

6
Und dennoch: pacholski ist tot.
Nun trauern wir wieder um uns.
Und salzen das hackfleisch, und stehn
im schnee vor den eigenen ämtern,
und sind unsres schlechten gewissens
gewiß, und verleugnen auch dies.
Wann sind wir denn bloß, wie wir sind?

BESCHREIBUNG MEINES BEINBRUCHS LINKS

Glatteis hat verschiedene glätten. Also
das thema: nämlich wenn durchs linke
bein der schmerz geht, und verlornen bewußt-
seins einer liegt im dreck; der weiß danach
nicht mal, wer ihm half. Und er erwacht,
und ist in weißen stein gelähmt. So schreitet
der heilprozeß davon. Gelegentlich
nicht, wie erwartet. Nach erneuter ohnmacht,
bewirkt durch lachgas, ist das bein in seinem
gelenk verschraubt. Jetzt, in der starren rüstung,
wird es ganz dünn und wird ganz rot. –

Dann kommt es frei. Und kann nicht gehen. Langsam
lernt es das wieder, wird auch bleich wie vorher.

Dann muß aufs glatteis man spazieren gehn.

MÜDES GEDICHT

Ich liege in meiner vernagelten liebe wie tot.
Und kann sie nicht lassen. Welch unmaß an torheit und mut!
Vom walmdach tropft teer, die ermüdeten dichter gehen fort:
auf was ist verlass, wenn uns einer verlässt? – Als die nacht
schmeckte wie kalk, sind die freunde ins haus mir gebrochen,
rotwein-belastet, mit lärm und gelächter gefüllt,
lüstern auf feiern. Und wieder entglitt mir der schlaf.

Wie wirklich ist leben, wenn's immer nur wirbelt im sog?

Ich wollte bloß lieben. Warum also sollt ich verlassen
dich, meine liebe? Weil teer tropft vom walmdach? Weil nie
die zeitung dir schrieb, daß im menschen das Vaterland liegt?

Ich bins, der sich fürchtet, zu gehen. Wohin denn? Der wein
schmeckt immer ein wenig nach eisen, ein wenig nach rost...
Das hält mich an dir, der ich schleppe am leichnam des schlafs
und frage und frage...Und ahn' doch: uns wird nichts gestundet:
wir haben gestanden. – Vom dach
                      auf die schwelle
                                  tropft
                                            teer.

AN MEINE ENTTÄUSCHTEN FREUNDE

Ach geht mir weg, die ihr entsagung predigt
und stolz verlangt in meiner einsamkeit!
Ach geht mir weg und quält mich länger nicht
mit euren traurig-vorwurfsvollen augen:
die lange liebe quält mich schon genug.

Denkt ihr, ich seh mich gern so ausgeliefert
an fremdes leben, dem ich lästig bin?
Ich habs ja nicht gewählt: mir ists geschehn.

Vielleicht, daß ihr mich aus den köpfen werft,
wenn ich noch länger treibe im verzweifeln
und schamlos offen meinen schmerz bekenn,
denn hierzulande gilts als würdelos,
die traurigkeit zu zeigen: noch die toten
bemalt man bunt, und modisch ist die robe,
in der man aufrecht zum begräbnis geht.

Ich aber will mein elend nicht verleugnen:
wie soll ich zeigen die zerrissne welt,
wenn ich nicht zeig: ein riß geht auch durch mich?

Ich liebe nämlich, falls ihr wißt, was dies
bedeuten mag: ich hab gelernt, die hölle
als gnade zu verkünden, mörderisch
an mir zu handeln, wild nach zweisamkeit...
Ich habs gelernt, und sag euch ehrlich, euch,
die ihr mich tröstet, daß ich mitleidlos
für dieser liebe dasein euch entließe. –
Versteht ihr mich? –
    Verzeiht. –
      Ach geht mir weg.

LIEBESGEDICHT GEGEN MORGEN

Was wir einander glückhaft angetan,
war gut, war klug: auch ohne überlegung.
Frag deshalb nicht, ob hinter der erregung
mein sinn sogleich sich ganz auf dich besann.

Noch weiß ich nicht, ob irgendeine prägung
der nacht das frühstück überleben kann.
Doch als dein haar mir durch die finger rann,
geschah mir nicht nur äußerst die bewegung.

Wie schön du doch in unsren stunden warst!
Verlischt schon heute morgen mir dein licht?
Ich wüßt so gern, was jetzt dein leib sich denkt...

Indes: damit du zweifel dir ersparst:
sprich du mit keinem über dies gedicht:
könnt sein, ich habs schon anderen geschenkt.

FEIER

Es kam zum gelage der freund ohne klage,
und klaglos die freundin, und klaglos war ich.
Verwirrende stunde aus möglichem frieden!:
die rosen des rotweins durchduften die nacht,
als wär der verlust nur gerede, als wär
nicht lust gar gefahrvoll: wir saßen beisammen
wie griechische götter, erheitert und nackt.

Kein messer schrie über den teller: ins fleisch!
Der tee war gewürzt mit rosinen und mandeln,
und jeder wußt neidlos, zu wem er gehört.

Im eckchen saß tückisch die philosophie,
so daß uns das lachen nicht ausblieb, und hielt
sich krampfhaft die bücher vors leere geschlecht.
Da sagte ich: feiert die feste, sie fallen
nicht an, sondern aus mit den zähnen.

Und schon liefs gespräch um die heillose welt,
jedoch wars durchlächelt, denn torheit ist nicht
des klagelieds würdig. – So war diese nacht
wirklicher freiheit und glaubhaften glücks.

Und dann schrie der wecker sie weg.

ABWARTEN UND TEE TRINKEN
(1980–1989)

ABWARTEN UND TEE TRINKEN

Ich sitze hier – scheiß doppeldeutigkeit! –
ich sitze hier am schreibtisch. Dichte nach
chilenischer und andrer leute leid.
Und trinke tee mit rum und zimt gemach.

Was weiß ich, wer mich braucht... Doch eines weiß ich:
der gleiche vorgang zeugt nicht gleiche tat.
Heut ist halt heut, nicht spanien sechsunddreißig.
Statt öl ins feuer, gibt mans zum salat.

Ich sitze hier. Und hätt ich einen mut,
so sitz ich ihn mir ab. – Mein hörnchen fein
hab ich in rum, mit tee versetzt, getunkt.

Wird mein gebiß auch faul: dem bauch tuts gut.
Man muß nicht immer beieinander sein. –
Hier sitze ich, und kann nicht anders. –
                                      Punkt?

DER FRIEDEN

Vielleicht, wenn er kommt, dann erkenn ich ihn nicht.
Mag sein, daß enttäuscht er die tür aufbricht,
falls ich aus furcht sie verrriegelt hätt.
Vielleicht dann verwechselt mein zeitweiliger geist
das palmenzweigblatt, das im lichte gleißt,
mit einem geschliffenen bajonett.
    Viel dunkel hat die nacht gesät.
    Daß er bloß nicht vorübergeht!
    Es ist schon spät. Es ist schon spät.

Ich weiß, wenn er kommt, schleppt er mühen heran,
und sticht nicht als erstes die weinfässer an,
und liebt uns nicht mehr als wir ihn.
Er läßt dir den vater, den bruder, den sohn.
Das andre mach selber: er hat uns ja schon
das menschenfremdgehn mit dem kriege verziehn.
    Viel dunkel hat die nacht gesät.
    Daß er bloß nicht vorübergeht!
    Es ist schon spät. Es ist schon spät.

Vielleicht, daß er müd wird, wenn keiner ihn sucht.
Vielleicht hat er furcht, er sei abgebucht,
denn weit muß umgehn er das flackernde licht.
Vielleicht, daß er umgeht als du oder ich.
Dann reicht ein gewöhnlicher messerstich,
daß er zusammenbricht.
    Viel dunkel hat die nacht gesät.
    Daß er bloß nicht vorübergeht!
    Es ist schon spät. Es ist schon spät.

LIED VOM CLOWN

Zum teufel, der geht auf zwei füßen herum,
und das sogar noch vor publikum:
der macht sich zum august, und august ist dumm.
Der lacht, wenn ein witz übern eckstein springt,
der weint, wenn ihn etwas zum weinen zwingt,
der schluckt nicht gleich alles, der hat dran zu kaun:
's ist eben ein clown. 's ist eben ein clown.

Er hat einen wunderbunt leuchtenden mund,
mag menschen meist mehr als den eigenen hund
und leidet nicht unter gedächtnisschwund,
wenn einer von seinen verfehlungen spricht.
Der zeigt noch im blendendsten licht sein gesicht,
der sagt, was er meint, und hat immer vertraun:
's ist eben ein clown. 's ist eben ein clown.

Und wenn er ganz hoch auf dem seile spaziert,
so weiß er doch, daß er sich niemals verliert,
weil er sich doch selbst in der höhe führt.
Der redet nicht lange, bevor er was tut,
sein hut ist so groß, daß wir komm' untern hut.
Der bricht auch statt beischlaf 'ne liebe vom zaun:
's ist eben ein clown. 's ist eben ein clown.

Zum teufel, der ist einfach so, wie er ist,
ein wandelnder vorwurf ist dieser artist,
ein beispiel von tücke und hinterlist.
Ich sags ja: der geht auf zwei füßen umher,
als ob das das selbstverständlichste wär.
Der kann sich schon selbst in die augen schaun:
's ist eben ein clown. 's ist eben ein clown.

UNSERE ALLTÄGLICHE MACHT

Ein grinsender fahrer der straßenbahn
läßt manchmal im regen dich stehn.
Der pförtner, dein kumpel von nebenan,
verlangt deinen ausweis zu sehn.
Der zahnarzt verbohrt sich, so werden wir's auch,
und zeigen ein abschreck-gesicht.
Die kneipe ist voll, der kneipier wie ein schlauch.
So macht er die bude schon vorzeitig dicht.

Jeglicher hat seine macht hier. Na und?
Hier vor der kneipe tritt der besoffne den hund.

Die schlange am schalter des postamtes stockt.
Im hintergrund brodelt kaffee.
Der amtsesel wiehert, und der amtsesel bockt.
Und frißt den vierblättrigen klee.
Es büßen die söhne für jeglichen schuß,
hat väterchens mannschaft verlorn.
Der kleinst-funktionär haut den neuesten beschluß
zu seiner entlastung uns flugs um die ohr'n.

Jeglicher hat seine macht hier. Na und?
Hier vor der kneipe tritt der besoffne den hund.

Und der, der dein schulfreund gewesen ist
(ein sehr braver junge in seiner art),
der wurde ein freundlicher volkspolizist.
Und zeigt dir den knüppel. Und lächelt so zart.
Es muß in den köpfen viel ohnmacht noch sein,
dass manche so machthungrig sind.
Wieso machen wir uns mit macht nur so klein,
und klagen an, dass kleine leute wir sind?

Jeglicher hat seine macht hier. Na und?...

GEGENLIED ZU „UNSERE ALLTÄGLICHE MACHT"

Wenn ich einmal macht bekäme,
wüßt ich nicht, ob ich sie nähme,
denn vielleicht nähm ich sogar
meine macht dann wirklich wahr!
Kriegte muskeln statt gedanken,
könnte nur noch mir vertraun.
Müßte oft mit dichtern zanken
oder sie konkret verhaun.
Also, Freunde, bleibet tätig
uns zuliebe tag und nacht!
Aber bitte seid mir gnädig:
Bitte gebt mir keine Macht!

Ja, auch ich möchte von den höhen
einmal in die weite spähen.
Fürcht nur, dass von oben dann
ich keinen mehr erkennen kann.
Anstatt dann vor furcht zu fauchen,
würde ich mit steinschlag drohn.
Aber seine macht gebrauchen,
ist ja fast ihr mißbrauch schon.
Also, freunde, bleibet tätig
uns zuliebe tag und nacht!
Aber bitte seid mir gnädig:
Bitte gebt mir keine macht!

Ja, ich hätte einen fahrer,
und gesichert wär mein klarer.
Und für alle meine sprüch'
käm ein beifall über mich.
Doch auf einem hohen throne
baumle ich die beinchen bloß.
Hätte oben eine krone,
und wär unten bodenlos.

Also, freunde, bleibet tätig
uns zuliebe tag und nacht!
Aber bitte seid mir gnädig:
Bitte gebt mir keine macht!

DIE PREISE FLATTERN AUF, der wert der reden
in den gehirnen der be-sprochenen sinkt.
Was also noch red ich uns um die ohren
der worte weiche luft, aus der wie äther
sich die bedeutung längst verflüchtigt hat?:
Ich bin doch dichter, und kein blasebalg!
Geschlagen von den schlag-zeiln ist die sprache,
und was mein nachbar eine rose nannte:
Ein sperling wars auf einem distelstiel.
Welch fett verschmiert ihm so die augenlinsen?
Wieso haut er mit augenloser faust
den klaren satz mir jähen zorns aufs maul?:
Die wahrheit, wissend, wann sie flügge ist,
kehrt nicht zurück in ihr verschwiegnes nest.
Doch unter blinden wirkt das einaug leider
nur provokant. Addios, monarchie!
So sollten nun die bösen kleinen prinzen,
die volkseignen, lieblich bauermärkteln,
und schau, die kunst wird endlich wieder: hübsch:
(Ein fettes hirn zeugt auch von guter kost...)
Ich selber pappe pudding in die ohren,
wenn ich mein stöhnen nicht mehr hören will,
aus meinen wimpern flecht ich reißverschlüsse,
falls mir das wasser plötzlich steigt beim sehn.
Und seh, und hör. Und hör die stummen gar.
So krank bin ich, von uns, da wir das land,
das wir doch sind, enttäuscht, nun selber täuschen
mit spreu und sprüchen, rosen dort erblickend,
wo spatzen sitzen auf den distelstielen,
als würden wir statt spatzen geier sehn.

Und wollten doch noch miteinander reden ...
Mensch, sag mal was: Die spiegelscherbe ist
auf dauer tauglich nicht als hausaltar:
Wer deutlich ist, nur der, sei angesehen.

UND SAGE GAR, WAS MEIN BEGEHREN IST

Ich möchte die milch der verblassenden nacht,
die weiß über talwiesen fließt.
Ich möcht, daß mir einer ein lächeln vermacht,
das garnicht vergällt ist mit list.
Und ich möcht uralt sein,
wüßt gern, wie du dann mich siehst.
Will zwergengroß sein, und auch goliathklein.
Will sagen gar, was mein begehren ist.

Ich möcht das gehäuse am rande des felds,
damit ich begreife das brot.
Möcht raschelndes laub, und das rascheln des gelds
und leben nach meinem gebot.
Und ich möcht sterblich sein,
naher freund, wenn du es bist.
Denn wär ich allein, wär ich auch nicht mehr mein.
Will sagen gar, was mein begehren ist.

Ich möchte den regen, der plätschert wie klatsch,
und klatsch, der die würde verschont.
Ich möchte zerlächeln den schlagzeilenquatsch,
der sprießt unterm teerosenmond.
Und ich möcht, daß mich stets
heitren blicks mein spiegel grüßt.
Und hoffe, es bleibt in den gläsern kein rest.
Will sagen gar, was mein begehren ist.

Ich möchte die trauer des friedhofs im mai,
die aufblüht wie wilder jasmin.
Und möchte auch hören den nachtvogelschrei,
und singend zugleich vor ihm fliehn.
Und ich will bett und schrank,
tage hell und tage trist.

Möcht mir verzeihen, wenn ich auch mal schwank.
Will sagen gar, was mein begehren ist.

Ich möchte ein land, das nicht ausreißt aus sich,
und nicht sich in honig ertränkt.
Und wünscht eine linie mir wider den strich,
daß nichts mir das rückgrat verrenkt.
Ja, ich will, ehe still
mir die zeit vom leibe fließt,
daß nie ich vergeß, was ich will, will und will.
Will sagen gar, was mein begehren ist.

ACH, FREUNDIN

Ach, freundin, der alltag kommt täglich,
der tiefe, der tragende fluß,
mit strudeln, erstaunlich beweglich
wie kuß und genuß und verdruß.

Wir treiben ins ungefähre:
die schwimmhäute wachsen so träg.
Doch baun wir uns keine galeere:
sie vergäße das ziel auf dem weg.

Es ist ja das einzig gewisse,
daß nirgends gewissheit gedeiht.
Doch wurden auch seltner die küsse,
so wuchs doch ihr wert mit der zeit.

Die fluten, sie kommen und gehen.
‚s ist beides ja wiederkehr.
Und was bleibt von ihnen bestehen?:
das meer, meine freundin, das meer!

UNTERWEGS

Immer wieder aus den grüften
auferstehen die menschen groß.
Und dann ziehn die leidgeprüften,
hoffnungslosen wieder los.

Und als ob sie nie vergehen,
wandern sie durch frost und glut.
Über ihnen wirbeln krähen,
und sie haben nichts als mut.

Und getrieben von gelüsten
gehen sie hin wie nie besiegt,
so, als ob ein ziel sie wüßten,
eins, das außer ihnen liegt.

Wandern durch die wüstengrelle,
durch der wetter wechselspiel,
treten doch sie auf der stelle,
sehn sie nicht nur sich als ziel.

Sie sind sehend, sie sind blind.
Und nach allem, was geschah:
Immer wieder, zäh wie gras,
sind sie einfach da.

Sind sie übern berg gekommen,
kamen sie durchs arktis-eis?
Sind sie durch das meer geschwommen
oder durch den sternenkreis?

Und sie haben sich geschlagen
gegenseitig mit hurra.
Sie verzagen und versagen.
Aber, gott, sie sind noch da!

Weiter, weiter durchs gelände
zieht der ungeheure zug.
Und am ende, ganz am ende,
haben sie noch nicht genug.

Zeitweit sind sie schon gegangen,
zogen leidend ihre bahn.
Aber immer, wenn sie bangen,
singen sie dagegen an.

Sie sind sehend, sie sind blind.
Und nach allem, was geschah:
Immer wieder, zäh wie gras,
sind sie einfach da.

DA MUSS DOCH NOCH ETWAS GEWESEN SEIN

Schon summen die steaks in den tiegeln, als wärs
ein schwarm von hornissen. – Die kriege, die uns
nicht angehn, sie gehn uns (wies scheint) nichts mehr an.

Der ruß rieselt früh aus der zeitung, der fällt
ergraut in den himmel: ein schnee ist so scharf
wie tausalz, und der ihn verbittert, der heißt:
weiß-keiner. – Sein auto besitzt ihn schon lange.

Da muß doch noch etwas gewesen sein ...

Dem freund sprich von freundschaft: ihm ists eine drohung,
dein schmerz sein gelächter, gerüchte verkleben
die ohren, auf die wir uns haun.

Und immer wars keiner: die planlosen pläne
hat keiner entworfen, die läden, die wuchern
in unserem fleische, und anderes: das,
das alles macht keiner. – Verantwortungslos
bis hin in das schöne gestöhn in der nacht:

da muß doch noch etwas gewesen sein, freund:
ein lohn, den die steuer nicht frißt, und ein tun,
das uns nicht ver-tut bis zum gnadenbrot,
belegt mit dem reisepaß.

Halt fest mich, mein bruder, halt fest mich, halt fest,
ich will doch noch sagen, dass ich vermute:
Da muß doch noch etwas gewesen sein, leute.
Da muß doch noch irgendwas sein ...

REGENBOGEN-CHORAL

Was ist das für ein zeichen,
das so befröhlicht strahlt,
als könne nichts ihm gleichen
an würde und gestalt?
Aus grauen wolkenwogen,
die gischten mörderisch,
steigt auf ein regenbogen
und biegt zur brücke sich.

Und fühln wir uns auch kläglich
bei jedem mißverstehn:
Seht, tränen sind erträglich,
wenn durch das licht sie gehen.
Doch ist das grau verflogen,
wie eine müdigkeit,
zerfällt der regenbogen,
und wieder ist ein leid.

Und fehlten ihm die farben,
dann wär selbst er zu schwer,
denn die für schwarz-weiß warben,
wärn dann gefärbt wie er.
Doch nur, wenn ausgewogen
sich farb zu farb gesellt,
erscheint der regenbogen,
der uns in atem hält.

WENN

Wenn ich das haus nicht bau,
erschlagen mich nicht die wänd.
Wenn ich dem frieden nicht trau,
bindet mir keiner die händ.
Wenn ich nicht aufsteh zur früh,
stellt mir der tag kein bein.
Wenn ich um nichts mich bemüh,
werde ich fehlerlos sein.

Wenn ich das haus nicht bau,
hab ich kein bett zur nacht.
Wenn ich dem frieden nicht trau,
beginne ich selber die schlacht.
Wenn ich nicht aufsteh zur früh,
dann ist der tag vertan.
Wenn ich mich nicht mehr bemüh,
enden die irrtümer nie.

Fange ich niemals mehr an.

WENN MEINE VERSE DUNKEL SIND,
so ists, weil ich in trauer bin,
denn unsrer wege gehn bewegt
der toten viel, und schon die kinder
sind ausgestopft mit losungs-heu.

Ein wunder also, daß die nicht
wie ich das bier in ihre dürre
hinunterschütten, wenn die nacht
sich bläht zum sarg...
                    Es könnte sein,
sie sehn bei nacht die schatten kaum,
die ausgefaltet sind wie laken
von unerfüllten fraun, wies grau
der fernsehbilder, wie das feld,
das uns gehört, und deshalb keiner
als seins mehr sieht.
                Da frag ich mich,
ob der geschichte rad vielleicht
ein spinnrad ist, der parzen spaß,
die bindung zwischen land und leut
mit ein paar worten abzuschneiden
vielleicht schon wär, und letztlich gar
das bißchen liebe, das mich hält
in meinem angstdurchqueckten leib,
dem schichtbetrieb nicht widersteht
und auch nicht dem kasernenzaun...

Im großen zirkel der idee:
wo bin denn ich? Die goldnen berge
zergehn wie unser armes fleisch.

Die mauer steht.
            Ich
                  fall.

DER GARTEN

O mühe des vergnügens! O vergnügen,
wenn sich die rosen und radieschen röten!
O lust, die heile welt sich vorzulügen:
ums überleben ist auch das vonnöten.

Wenn bloß das grün nicht selbstbewußt verludert!:
der liebstock selbst schießt müßig auf wie freude!
Und gar das unkraut, das aufs grundstück schludert:
es blüht sich ein in sein gefühl fürs heute.

Die amseln hocken hübsch auf den antennen.
Und häßlich auf dem kirschbaum: holt sie runter!
Sie sehen die welt, drum fühlen sie sich zu haus!

Und diese nesseln, schreit man, sollten brennen!

Doch heimlich staunt man an das unkraut-wunder.
Verneigt sich gar vor ihm –
                Und reißt es aus.

ANSPRACHE AN DAS NASHORN

Ach, nashorn, alt wie salz, du leib aus lehm,
des golems vorform, doch noch ohne arg:
wer überlebt mit soviel ehedem?
Es scheint, du bis zu groß noch für den sarg.

Von dir falln die dompteure ab, die klingen
der metzger-messer brechen ab beim häuten.
Dein sinn ist dasein und nicht ein vollbringen.
Du bist bedeutung, doch nicht auszudeuten.

Doch grade das ist eine deiner tücken:
Du läßt uns nicht in deine seele blicken.
Und was uns fremd bleibt, nennen wir gefahr.

Nicht mal dein horn schafft das, was wir erwarten!
O ja, ich spielte gern mit deinen karten:
so würdig sein! Und: völlig unbrauchbar.

HEIMKEHR DES ODYSSEUS

Von all euren fragen: nicht die,
wo ich gewesen in all diesen jahren!
Habet, o habet erbarmen mit euch!:
es wäre die antwort ein stattlicher knüppel,
da ihr nicht fragtet nach mir,
als ich dort war, wo ich war.

Du da, räume den stuhl,
den vormals mein hintern gewärmt!
Nimm aus dem braten die gabel,
gieriger esser! Traurig genug,
daß ihr mein schmackhaftes kalb
vertrocknen ließet zum ochsen-greis.

Raus aus dem bett! Nein, nicht du, sondern du!
Den liebhaber, laß ihn, den jungen, laß liegen.

Und, bitte, von all euren fragen: nicht die.

REZEPT AUS DEM ALTERTUM

Die weinbergschnecken muß im herbst man hetzen,
wenn sie versuchen, ihr gehäus zu schließen,
und sie drei wochen lang in weißmehl setzen,
bis ihre kacke hell wird. –
                      Das genießen
beginnt mit dem bewußtsein, daß sie leiden.
Und wenn man selber schon beginnt zu sieden,
dann lasse man sie in den wein-sud gleiten:
sie sterben schnell. Und wallen auf in frieden.

Man gabelt aus den häuschen nun die leichen,
und kappt die krone ihres augenlichts,
und salzt die rümpfchen. Und nach alter art
kann man sie noch mit knoblauchcreme bestreichen...

Das ist die macht: sie schmeckt an sich nach nichts.
Doch scharf gewürzt, vermutlich recht apart.

GEDICHT DES GEDICHTS

Bewirkungslose sind wir allesamt:
ein knapper regen, der das gras nicht labt.
Ach, armer dichter, grau und abgeschabt,
der aus dem lande aberglaubien stammt:

gedichte gehen zunichte, ehe sie
auf dem papier zum wort geronnen sind.
Die besten verse sind ein stotterwind,
wenn man sie mißt an einem schmerz, der nie

zur sprache kommt. Die liebe und der tod
sind anzudeuten, doch zu sagen nicht:
bewirkungslose sind wir allesamt ...

Denn das gedicht, zu glanz und klang verdammt,
ist fast ein schweigen, wenn der dornbusch loht.
Und stirbt's, stirbt scheinbar nichts als ein gedicht.

SEPTEMBER 89

Ist sommer auch von hinnen: am gemäuer
erblauen wie vertraut die sanften trauben.
Und mürbes laub – erstaunlich! – färbt sich feuer:
verfall glänzt so, daß wir an ihn nicht glauben.

Doch kann der baum den apfel nicht mehr halten.
Und reife ist gleich trennung.
                            Ach, wie kam es,
daß wir uns so in ein geäst verkrallten?:
in allen früchten ist was wandersames.

Und wenn wir uns versprechen, hierzubleiben,
so überreden wir uns nur dazu,
und sind doch längst aus unsrem planquadrat.

So seh ich dich zur zeit der reifen eiben
in rangsdorf wieder: eine stunde ruh.
In rangsdorf, freundin.
                       Nicht in diesem staat.

NACH DER ÜBERFAHRT
(1990–2000)

ÜBERFAHRT

Als wir, dem strand zu entkommen,
in die ruder uns legten
(denn schlaff hing das dreifarbne segel
mit dem loch in der mitten
vom astlosen baume herab),
sahn wir beglückt, wie das ufer
verschwand gleich den lippen, wenn einem
ausfallen die zähne.

O dieser anblick des in der ferne
langsam verschwimmenden bissigen mauls!

Aber wohin wir ruderten stracks:
mit unseren hinterköpfen
sahen wirs nicht.

MARKKLEEBERGER ELEGIE

Was sitz ich hier und trink zu teures bier?
Erinnerungen schwirrn wie rüssel-mücken.
Wo ziegen grasten, da beugt jetzt den rücken
die leuteheit rings und kriecht ins diesel-tier.

Windsuppen-grau sind jene Nachmittage,
an denen man in rückkehr sich versucht.
Endgültig wird zum ort der niederlage
die vormals-heimat, wenn man auf der flucht

noch einmal rastet an den herkunfts-stätten:
die häuser sind geschrumpft, die mit-gebornen
fülln in die taschen sorglich salz und sand,
als ob sie jetzt schon angst vorm glatteis hätten.

Und ich?: such ich die freuden, die verlornen?

Nur wo man nicht ist, ist das vaterland.

ARCHE DER DINGE

Zu paaren traben nach den kakerlaken
die autos in die arche, cola-dosen
nebst plastik-tüten und silastik-hosen.
Aus kinderzimmern kriechen gummi-kraken
behände auf das deck, recorder beaten,
um einlaß bittend. Spuckende computer
verdrängen noah hackerisch vom ruder.
Das bier büchst aus, die einweg-flaschen mieten
als deponie sich das ge-fährschiff an.
Und treibt aus einer planke auch ein reis:
Ist es gerecht, o herr, dass du uns schonst?
Die gülle steigt. Hebt so nur ab der kahn?
O herr, verzeih mir, dass ich ahnend weiß:

Die sintflut kostet viel. Und ist umsonst.

WIDERREDE

Zweifle nicht länger: es fügt sich das gute zum besten.
aus der gewöhnlichen milch trieft die blankeste sahne!
Sage nicht: „Käse!" Wer hänget am tropfe, der hängt
schließlich am leben. Sag nicht: „An der ohnmacht!": Aus der
bist du erwachet, sonst würdest den tropf du nicht sehn.
Glaub mir, uns stehen, wie vormals, versprochene freuden
wieder und wieder bevor! Sage nicht: „Sigmund freud."
Kauf dir doch selber 'ne couch! Was, der preis sei zu hoch?
Du warst es doch, der da blökte einst hinter der mauer,
es wäre die freiheit dir teuer!: Nun ist sie's halt auch.

TATORT ODER: VERWEIGERTE EINSICHT

Ja, schwarz auf weiß: es stimmte die adresse.
Hier, irgendwann, auf diesem klingelknopf
der abdruck eines daumens, der hernach
den zeigerfinger, der sich krümmte, stützte.

Der wandrer zögerte, bevor er schellte.
Und eine ruhe war: ein stein aus luft.

Vom zaun verlief sich in den gartengrund
ein schotterweg, bemoost und fast verschüttet
mit grüngeröll, zum blühen unbefähigt.
...und war doch mai, und alle gräber gleich
geburtstagstafeln, blumenüberwogt...

Hier aber groß die halde grün, gehäuft
am schotterweg, verweigernd einen blick
ins freie des umschlossnen gartens: dort
lag hinter ihr das haus wie nirgendwo:
Man weiß es. Das beweist nichts: im besitz
des mörders bleibt der mord, was drüberwuchs,
bedeckt die tat, ihr sinn hat sich entfernt
mit dem, der dalag – dem dahingegangnen –
und dem, der weglief. –
                       Aus dem nachbargarten
ein mädchenlachen, steil wie die fontänen,
die es bewirkten. Und der uneinsicht'ge
blieb stehn am zaun, um arglos zu befragen
die leichtgeschürzte spielschar nach des hauses
verbleib. Doch eh' ihm wuchs ein wort aus innen,
kritschtklirrte was wie über glas: „Ein spanner!"

Oi, wie's da aufflog, das gemähte gras!

SCHÖNE NEUE WELT

Daß es einen
nicht trifft, ist der hoffnung
gängig-verlegene losung:
wir wolln ja schon garnicht mehr mehr.

Auch das bedrohliche hat
(was wir dereinst nicht bedachten)
in der freiheit die freiheit.

Daß es einen nicht trifft, die gewitter-
wolken abschwaden, der hausbesitzer
(zu dionys, dem tyrannen, schlich
damon, den dolch im gewande)
als mensch sich enttarnt, und herr einbrech
wenigstens nur des versicherten nachbarn
wohnung entsorgt:
von solcher art sind unsre verbliebenen wünsche.

Die glocken sind ausgegangen.
Im gewölb der betroffenheit
bimmel-bummelt das armesünderglöcken
mißmutig vor sich hin.
Doch scheinbar ists auszuhalten,
lediglich sagen zu können:
es ist auszuhalten...

Doch während ich predige wider das jammern,
spaltet mich eine klinge
in zwei hälften, gevatter schwein.

In meinen zwei gleich-namigen ländern:
wie ein gekreuzigter breite die arme ich aus.
Wie einer, der einen andren empfängt.

Nicht ich bin, meine zwei länder
sind heimatlos.

DIE REISE NACH ÄGYPTEN

1
Wir wollen immer in ein andres. Nichts
ist fremder uns als hiersein. Ganz im innen
will jeder in den mutterleib entrinnen,
ins große wasser, fernab des verzichts,

da wir noch alles, was wir brauchten, hatten ...
Seit wir gelöst sind von der nabelschnur,
sehn wir mit unsren schwachen augen nur.
Das reine dunkel übertüncht der schatten.

Wer das geheimnis sucht, um es zu deuten,
entwendet seinem kargen all die sterne:
der schaut ägypten nie, der es nur sieht.

Hörst du den leib der schwangren frau noch läuten?
Dann staunt das wunder an dich aus der ferne,
die in dir endlos ihre kreise zieht ...

2
Du sagtest „reisen!", und du meintest „fliehn!"
aus dieser grellen, absoluten leere,
wo gar gebete falln ins ungefähre.
Noch spricht der priester. Aber, ach, wohin?

Es ringt auch er die hände, statt zu beten,
denn das geheimnis hat auch ihn versucht.
Und jenes weiß – und ist drum auf der flucht – :
wir müßten es, um's zu erkennen, töten.

Du willst ihm folgen? Narr, es sieht in dir
nur den verfolger. Und die opferschalen:
trinkt daraus demut oder eigennutz?

Nein, keine antwort!: jede wär von hier.
Und jesus flieht vor qualen in die qualen,
als böt die wüste ihm, dem schützer, schutz ...

3
Wenn einst ägypten dich empfinge, wenn
es aber wär ein jedermanns-ägypten,
dann böte es dir pharaonen-krypten
und statt der sphinx ein monster-monument.

Und sand und sand und sand. Und jene drinks,
nach denen du dich beim geheimnis wähnst,
sind das vergessen, welches du ersehnst,
seit du an-trauernd ahnst: die wahre sphinx

läßt dich nicht ein ins reine dunkel. Was
du siehst in eines silberlöffels spiegel,
bist du. Nur du. Davon wirst du nicht satt.

„Bezahle!" sagt der wirt und spült dein glas.
Die liebe gar bedarf der geldschein-flügel:
denn du bist fremd. Dein bild versinkt im blatt.

4
Es wird das fremde fremd uns, wenn wir's sehen,
denn schmerzlich ähnlich wird es dem gewohnten.
Vielleicht sind glücklich die vom bild verschonten:
wer nichts erschaut, kann es nicht mißverstehen.

Doch wir wolln immer in ein andres. Aber
eh wir's erreichen, hoffen wir, es weicht
vor uns zurück. Denn was wir nicht erreicht,
das bleibet uns: stell du den kandelaber

ins reine dunkel, und alsbald erblinden
die letzten wunder. Alles wird begriff,
wenn keiner seines traumes sich erbarmt.

Ich will das unbekannte wiederfinden!
An bord, an bord! Entgleite, trunknes schiff,
ins dunkel-licht!: Wer nur erkennt, verarmt.

STOTTERUNGEN DER WELLEN. Und
im lilagebräu des meeres bei capri
treibt des vesuvs ins erlöschen aufspringende rose.

In der erinnerung nämlich
siegen die niederlagen
über die siege:

Welche lippen, welche magnolien
blühen so lange wie ihr verlust?

Das nest pompeij zum beispiel:
wer wüßte es noch
im abseits der katastrophe?

Doch wem der stein nicht das haus zerstört,
der baut auch keines mehr.

Immer nur, wenn uns was einfällt,
fällt uns was ein.

MALCESINEER STANZEN

1
Der oleander groß am kalknen hange:
vergrünspant sind des blattwerks bronzeklingen...
Olivenbaum, aus dem im überschwange
die silberklingen durch die rinde dringen...
Zypressen: schwarze lanzen! Das geprange
der yuccaschwerter! Uns zu häupten schwingen
die palmen gar skalpelle! – Ich erbleiche:
mein herkunftsland verraten die vergleiche.

2
Olivenbaum, verschrobner satz, verwegen
verleugnend die grammatik der figur:
du wandelst durch das tal im glast, im regen,
und rührst dich nicht von deiner stelle. Nur
gelingt es dir, wenn blitze dich durchsägen,
gehälftet doppelt eins zu sein: natur.
„Ich zieh nicht in die welt", sagst du zu mir.
„Wozu denn auch, mein freund? Ich bin in ihr."

3
Der feigenbaum läßt seiner hände schatten
beweglich flackern über mein gesicht.
Selbst wenn die milden brisen schon ermatten,
vergleitet er im wandelhaften licht.
Die feigen sind schon reif. Gerüche gatten
zum dufte sich. – Vertrauter, sag mir nicht,
daß du es warst, der zedern stand am hafen:
jetzt, eh ich einschlaf, schlaf, leg du dich schlafen.

4
Am monte baldo blüht der enzian über.
Die himmelschlüssel öffnen wolken jetzt.
Und hagel prasselt auf mein mittags-fieber:

das ist der gipfel! Aber unverletzt
komm schneefalls über das geröll ich rüber,
wenngleich noch hinterm berg der donner krächzt.
Die schöne wut des felsens war vertan:
in meinem garten blüht der enzian.

5

Wir sind an bord des flinken schiffs gewesen.
Die wasser stoben auf wie möwenschwärme.
Und wir warn endlich frei vom zeitgemäßen.
In uns drang lauter licht und weiche wärme
und aller mai mit späßen ohne spesen.
Und die forellen, ungerührt vom lärme
der heitren mannschaft, schnellten durch die bläue...
Verlang von mir, ach deutschland, keine treue...

6

„Ich habenichts, ich hab nichts zu verlieren!":
wann lief mir dieser spruch auf das papier?
Eidechsen huschen durch die steinbrech-schlieren
und funkeln gläsern. Wolkiges getier
steigt aus dem see, um bergwärts zu spazieren.
Und wieder fällts mir bei, zu sagen: „Wir."
Da droht der abschied. Gib mir deine hand.
Wenn jetzt ich heimkehr, dann als emigrant.

7

Malcesine am abend: eine reuse
aus winkelgassen, lockwind und lokalen.
Es brüstet der balkon sich am gehäuse,
und im gehirn beginnt der wein zu strahlen.
Vor bogenlampen blättern fledermäuse
auf jenem platz mit den soldaten-malen.
Die jungs verfahrn die kräder in die nacht.
Komm vom balkon: das bett ist aufgebracht.

8
„Der see ist blau.", sagst du. - Ich sage: „Grün."
Du sagst: „Türkis." - Ich sage: „Zinnern grau."
„Das zählt nicht", sagst du, „wenn gewölke ziehn!"
Da ist der see ganz rot vorm hohen bau
der bergmassive abendüberhin...
Vielleicht, der wandel zählt nicht. Aber schau:
verändern können wir uns alle nicht.
Doch anders wirken im umstoßnen licht.

9
Du sollst mich sehr, wenn von limonendüften
ein anhauch wandelt übern süßen see
und in des berges ausgewaschnen schlüften
der nebel aufwölkt wie die milch im tee.
Du sollst mich sehr: wir sind doch unsern grüften
viel näher als der ewigkeit. Versteh:
wenngleich wir - hoff ich - auch noch später lachen:
versäumte freude ist nicht nachzumachen.

10
Auf flachen tellern sind gesottne fische
in der taverne köstlich aufgebahrt.
Vielzehig geht der knoblauch durch die küche
und frischer wein hängt mir wie tau im bart.
Der spargel stehet auf und unterm tische!
Ich bin, wie selten, gänzlich gegenwart.
Und spuck die gräten auf den tellerrand:
wir reden nach zwölf jahrn noch miteinand.

11
Hinab ins tal durch die olivenhaine.
Hochstämmig reifen kieselgrüne trauben.
Die mauern niedrig. Unbehaune steine.
Wie leicht es hier doch ist, an gott zu glauben...

Auch treff ich hier ein rot, wie ich es meine:
die pelargonien schäumen von den lauben
wie ein gelächter sonnigen gemüts.
Kein anfang ist hier und kein end des lieds.

12
Was ist das: freiheit? Dieser parmaschinken
in scheiben, blattdünn, und ein glas soave.
Das schmetterlingsverwegne segelblinken.
Und unerwartet plötzlich die agave
am wegrand sehn und in sich selbst versinken.
Und leben eben nicht zu sehn als strafe:
das ist die freiheit, üppiges gewächs!
Solange mir nicht ausgehn meine schecks.

13
Vor sechzig jahren droben im kastell
die hohe frau mit ihren beiden söhnen...
Sie redete mir einst italien hell
in wunderlichen trauerseidnen tönen.
Nun sitz ich dichter hier an goethes stell
voll glück und wehmut, und die glocken dröhnen.
Die alte frau weht durch die gartengassen
und sieht mich nicht: der tod hat sie entlassen.

14
Zwei schlucke wein noch aus dem zahnputzglase
auf dem balkon. Und runter die markisen!
Das zimmer dunkelt weg. Auf der terrasse
in kühler frühe werde ich genießen
noch einen kaffee aus gebauchter tasse
und einen grappa. – Ich bin ausgewiesen.
Was hab ich bloß fürn wasser im gesicht?
Der aufsteht jetzt, und geht: ich bin es nicht.

15
Die bronzene figur entsteigt der tasche,
die seegeschliffnen steine kollern über.
Es kommt ans licht die schlanke grappa-flasche
und ein billet, verwandelt zum kassiber.
Und ich hock da in einer freude asche
und sehne mich ins lichtere hinüber,
wenn ich mich oft, so's keiner sieht, verneig
vor zedernzapfen und zypressenzweig...

WENN ICH AN GEORG MAURER DENK

Ein leben für die dichtung! – Doch nicht minder
ein leben, meister, für die anekdote:
wir tranken roten wein im abendrote,
und unterm hintern bordstein! Und: im winter!

Welch inszenierung einer lockerheit!
Nun ist sie also spruch-reif, wie sie's planten.
Leibhaftig werden alle, die sie kannten,
den fakt bezweifeln. Gut so!: Seinerzeit

erklärten sie: „Die müssen von dir reden.
Weshalb und wie ist gleich!" O marktwirtschaft,
mir auf dem rinnstein ahnungsvoll erhellt!

Nun meng ich in gazetten mich in jeden
gezwerge-krieg und spend gerüchten kraft,
weil sonst die muse mir vom fleische fällt ...

WINTERGESELLSCHAFT

Es tropft in den städten der schnee. Bleib hier.
Die stricher suchen ein winterquartier:
erbärmliche streuner zwischen den gleisen,
die um sich beißen und dennoch den greisen
nachtappen ergeben: wen wärmt schon der stolz?
Bis märz ist geschlossen das unterholz.

Die strichjungen suchen ein winterquartier.
Was willst du da draußen im treibschnee? Bleib hier.
Die jungs in den klammen klamotten, verdammt...
Und faselwind dröselt ums arbeitsam.
...und wär doch fast jeder bereit, bis ans ende
ohn arg zu vermieten das hirn und die hände,
die muskeln, die stimme... Wenn die keiner braucht:
ein hintern ist auch nicht besonders erlaucht.

Bleib hier. Es regnet den großstadtschnee.
Zwischen den gleisen der schlamm ist zäh.
Was heißt hier schon stricher und warmer bruder?:
Es heißt: armes luder trifft armes luder.
Und eines von beiden hat bett und tisch.
Wer wagt noch zu sagen: Entscheide dich!?

Die kälte macht unter die freiheit den strich.

HAFTKRANKENHAUS FÜR PSYCHIATRIE

1
Weiß warn die wände, die betten warn weiß,
weiß warn die laken, patienten und ärzte.
Aber im fernsehn die bilder: schwarz-weiß
am tag, als neil armstrong den bläßlichen mond
(louis, o wonderful world!) betrat,
während auf eiserner bettstatt
ein anderer häftling, dreifacher mörder,
in mir, dem verfahlten, sich wütend betrieb
und schauerlich zärtlich.

Als wär nichts geschehen, fraß er hernach
mir wieder das abendbrot weg.

Aber der pfleger, ein sack voller witz,
grinste: „Na, hassde die sterne gesehn,
als neil armstrong den mond betrat?"

O wonderful world.

2
Als ich erfuhr von des mörders erschießung
dachte ich aber: nicht er
hat mich gezwungen. Es war meine angst.
Und war auch die seine. – Da hoffte ich plötzlich,
die letzte ermannung hätt gut ihm getan,
wenigstens ihm, an dem tage,
als irgendein menschlein die sohlen des alls
leckte und plapperte hin seinen satz:
„Ich bin ein berliner!", oder so ähnlich.

O wonderful world.

VENEDIG

Spät, in verlichterungsstunde, aus richtung murano,
strandet venezia an, ein benommenes schiff.
Droben im hauptmast erwachen die glocken und brüllen
wappentier-löwig. Es jubelt ein übler gestank
quer übers deck, und ein glanz wie von phosphor und gott...

Ach, dieses geschmeide, aus faulendem wasser gegorne
perlen! Nur gegenwart sein ist vielleicht der bedräuten
einzige zukunft. –
                    Der markusplatz schwankt wie ein vers.

Fleckige schlangen umgürten die mürben paläste:
irgendwann, baldwann werden die eiligen schiffe
fahrn über kirchen und katen gemächlich, dann wird
in mondlosen nächten auffunkeln die große lagune...
Und was der betrachter vermeint, an medusen zu sehn,
sind karnevalsmasken, auswandernd ins offene meer...

GOETHE AM SEE

In karlsbad war er noch wer!

Und wurde beliebig
mit jeder umdrehung der räder.
Schon das trentino
durchfuhr er als jedermann.

Wohlwollend freilich empfing ihn die landschaft,
und kandelaber, tausendgrünflammig,
illuminierten die schneise
dem heitren gemüt.

Doch als die kutsche links hinterm gebirg
einbog nach torbole,
beifiel ihm beim anblick des sees
zuvörderst ein vers, den vergil
aus rhythmischen wellen geborgen,
obzwar zu rühmen des schülers latein
außer ihm keiner zugegen gewesen:

na wennschon!: in karlsbad war er noch wer!

Hier hieß ihn keiner willkommen,
als er gerüttelt entstieg dem gefährt.

Und diese befremdliche antwort
auf seine verlegene frage,
wo bitte, er hier denn mal...?

„Da per tutto, dove vuol",
antwortete einer, verweisend ins rund...

Es wird ihm peinlich gewesen sein:
hinter der maulbeerhecke,
zwischen den rosmarinbüschen,
unter dem feigenbaum...,
wo er vermutlich erwog,
ob nicht der umstand, daß keiner ihn kannte,
unter gegebenen umständen doch
vorerst die glücklichste fügung sei.

Und so trat er denn aus dem strauchwerk herfür:
zwiefach erleichtert.

ODE AN DEN SCHWANZ

Edler launischen sinns,
wandelgestaltig, dess' namen
keiner nimmt in den mund bei tisch,
daß nicht jene, nicht jener
sich verschluckt vor erinnerung:

einmal will ich dich, jedermannsstolz,
langlebig sagen, wenn jedermanns ohren
auch erglühen, obwohl ich nichts neues
künde! Doch dessen grad schämen sie sich.

Freilich, gezwungenermaßen,
wenn die ruten der knaben ausschlagen,
stottern sie die begriffe bei.
Und mich schaudert gar sehr,
wo penible dich penis nennen:
dieser wortklang!: als klirre besteck
im hintergrund eines gekachelten raums,
bereitgelegt, zu vollstrecken
ihr urteil über den wurmfortsatz...

Und auch ‚glied' ist, zusammenhanglos,
nichts als ein langdünnes ‚iiii!'
        mit abgeplattetem kopf...

Sag ich, behelfsweise: schwanz.
Wie der am tier hängt. Mit dem es steuert.
Obwohl ich an ihm häng. Und wer wen lenkt,
ist auch nicht entschieden. – Ach, schwanz,
schöner, der friedlich du ruhst,
in krauses gewölle gehüllt
und dunkelfaltigen samt,
und brütest das pralle gelege,
wenn die leutheit sehr ferne

sogar den gedanken ist! – Doch
aufspringst du häufig und kleidest dich hastig
in seide, rosa und bläulich, wenn lüftet
vorbei ein geruch von gelegenheit,
bis daß die lider ich hebe
und dich der anblick zum protzen drängt
oder entläßt in umschenkelten schlaf...

Freilich nur über ein kürzliches. Denn
daß ‚zeugenschaft' immerdar wäre dein name,
ist fromm, doch töricht. Die wünschelrute
empfiehlt ihrem träger: hier grabe!
Nicht aber befiehlt sie: hier gründ eine stadt!

Aber nicht selten, wenn du dich erhoben,
wie über die zinnen der stadt ergoß
das mondlicht sich schimmernd und austernfarb
über dich, nackter, und austernfarb
war deine antwort, eindringlich ins dunkel
geseufzt und gestöhnt und geschrien und gelacht
oder hinter den lippen bisweil
glucksend versunken... Und sterne
verwirbelten schwerelos, und
glitten herab ins beglückte ‚achja...'

O schlundspund, grottenolm, arschkriecher du
(ich wüßte noch andre vokabeln!):
wenn man mit dergleich gar schimpflichen namen
dich bedenket, schwelln dir die adern.
Aber ists wirklich der zorn, der sie spannt?

Da also der kopf mit dir spricht offenbar,
wäre, zu singen dich ohne umgebung,
anders nicht, als zu setzen
einen schornstein ins wüstenweit.
Und selbst der hätt ein drumherum.

Du aber aufragst lebendigstolz
wie eines standhaften mannes kontur
im gegenlicht! – Oder du einfaltest dich
müd zwischen runzligen häuten: aus dies
das bild eines mannes, ein späteres... – Ach,
ja doch, o edler launischen sinns,
der du verzwillingt mir bist
(soll heißen: ich wäre noch da ohne dich,
dann aber eben kein zwilling mehr, bruder!):
erlaube mir also des weitren kein lob,
wenn es nicht preiset dich, den erhabnen,
zusammenhänglich mit arm und bein,
mit haut und mit haar!: eine kopfweide sah ich
unten am flusse, der hatten die leute
der kätzchen wegen die ruten gekappt...

Es war ein erbärmliches bild.

ALS ICH SCHON WUSSTE DEIN GESICHT IM SCHLAFE,
und dein gesicht im schlafe wußte auch,
geschahs mir erstmals, daß ich deinen nacken –
mir wohl bekannt seit sonderhaften spielen –
erblickte: dieses lamm am rand der wiese,
das, nicht erwartend meinen zugriff, ruhte
in unerregter schönheit. – Gerne hätt
behutsam ichs, besorgt, ein elterntier,
in meinem weichen fang davongetragen
ins unberührte... Doch als deine schulter
bewegt verriet, sie sei mit ihm verwachsen,
schwoll wieder mir was andres als der kamm. –

Im schlafe, manchmal, seh ich noch das lamm.

WIDERRUFLICHE ERMUTIGUNG

Mutter ist nicht aus der wohnung gegangen.
Die pulsadern klafften, ihr leib
weiß wie die flagge, die sie nicht zeigte:
ach, diese verwechslung von niederlage
und untergang, unwiderruflich. – Auch vater
ist nicht aus der wohnung gegangen,
sondern ins andere zimmer: das fest
langweilte ihn tödlich. Erdosselt
fand ihn ein weib, doch nichts der ermittler.
Oder? Das fragezeichen
krümmt sich, ein rostender nagel,
der nicht in den sargdeckel will.

Der untergang aber ist aller
tage ende noch lange nicht.

Großmutter zog von den gruben weg
die kinder. Sie ging aus der wohnung nicht
nochmals. Man hat sie hinausgetragen
und in der wiese ein loch gegraben
und sie mit erde bedeckt.

Tiefer nicht sinken die toten, und nicht
die gestorbenen jahre,
sondern der hügel, geräumt von den kränzen
wieder und wieder, wölbt sich zum berg.

Wer draufsteht, und folglich dem denkmal
streitig den platz macht, gewinnt
die übersicht, wenn auch der anblick von droben
ihm seine aussicht vergällt.

Tja, schwer ist das leben, denk ich da, aber:
das schwerste ist sterben. Und das
kann schließlich jeder.

UTOPIA

Wenn in die märkische wüste der leguan heimkehrt,
ein seltsamer sandfisch, und wir uns in dörrobst verwandeln,
da unserer selbst wir uns niemals erbarmten: wie klar
wird dann der frieden sein endlich!: aus allen verstecken
züngelt, zunächst nur sehr zögerlich, zierlich das gras,
ein schachtelhalmwald überwächst die bedrohlichen dome...

Und gott wird vielleicht aus dem lehm, drin die schöpfungen ruhn,
nicht nochmals formen den größenwahn.

Es werden nicht wir sein, die, was wir voraussehn, erblicken.

Doch über den heimgekehrten gewässern
werden silbrig die mücken kichern.
Und alle natur
        wird unsern verlust –
                wenn überhaupt –
vermutlich bemerken:
        mit großer erleichterung.

FRAGMENTARE NOTATE ZU EINEM SATZ DES KLAUS MANN

1
„Es ist eine liebe wie eine andere auch",
sagte der dichter bedeutsam, und nahm
sich aus dem leben.

Dabei würde ich heute
gern mit ihm reden. Jedoch
käme retour er, er wäre
jetzt schon der jüngre und hielte
ausschau verschlagen nach jenen,
deren vater er zeugentlich
hätte gewesen sein können
damals, beim klappe zu.

Und es wäre sein suchender blick
nicht der des erfolgreichen mannes
aus der höhe der jahre,
sondern der eines bettelmönchs,
dem sein orden das gnadenbrot
zuteilt erbarmungslos.

Nicht nämlich balgten die burschen
mit kuglig geschorenen köpfen
sich um den doppelt so alten
knochen, den innbrünstig sie,
aber nicht brünstig bestaunen:
eine reliquie. –
　　　　　Daß das gebein
noch immer umhüllt ist vom lechzenden fleisch,
ist unsichtbar auf dem röntgenbild.

Und der satz ist der satz ist und unwiderruflich
ist er verloren.

2
Denn spricht zu mir einer, dem fremd ist mein treiben,
von seinen freunden, verstehe ichs wohl
in seinem sinne. Dann sage auch ich:
‚Mein freund!', und ich nenne den namen
und hör ein getuschel: ‚Was denn, auch der?'

3
Ich sollte mich outen, wird mir empfohlen:
dann hätte ichs leichter schwer.
Mach ich doch, leute! Wolln wir nur hoffen,
ihr findets nicht allzu blamabel,
daß ihr mit meinen gedichten bisweil
eure mädchen euch angestöhnt habt...

Aber wenn ihr einen schuldigen sucht
für eure verrotteten ehen:
bitteschön, weiset auf mich!

4
Was immer ich tu: für die meisten
bleibt es das tun eines fremdandren manns.

Noch wenn verdorrt ist mein reis,
werden die anderen greise
bei ihrem trunkenen kumpelgeschleck
sorgsam mich meiden. Wenn ihren söhnen
grobzärtlich sie zausen den pelz,
seh ich sie lauern, ob hinterm verzahnten
hosenschlitz irgendwas beutelt bei mir.
Listigerweise, mich nicht zu verraten,
betrachte ich also beim spiel nur die väter.

Dann denke ich freilich: hätte ich mich
vor jahren ganz einfach entschieden,

nähme ich anblicks der trostlosen alten
gern meine entscheidung zurück.

5
Aber es ist eine liebe
wie eine andere auch.
Nur: es ist eine liebe
wie eine andre erst dann,
wenn kein mensch mehr versteht.,
warum
        und wieso
                und weshalb
einer das sagt.

DIE SCHLEHE

Mund an meinem mund, auf meiner haut,
herbe schlehe, wenn der frost erblaut:
ach, der letzte kuß nur gleicht dem ersten.
Zwischendurch ist freundlichsein am schwersten,
und wie flink wir auch die karten mischen:
gegenwart ist immer ein dazwischen,
tummelplatz der äxte und der messer.
Ja, die liebe wußte alles besser,
doch auch sie wird mit der zeit vergeßlich.
Im november schwimmt die sonne bläßlich
auf dem strom, es zieht der nebel fäden...

Laß uns durch die späten blumen reden,
wenn die wörter im gewölk verblassen:
nur die chrysantheme scheint gelassen
und am wintersaum die herbstzeitlose.
Doch am end sinds flechten nur und moose,
die in mauerfugen überstehen,
und im strauchwerk eisgereifte schlehen...
Und so ists ja gut, wenngleich es besser
besser wäre, doch der satte esser
sollte nicht in rüden hungerzeiten
mit dem koch um den geschmack sich streiten.

Schon, wenn halbwegs heil durchs sein wir kommen,
hat das glück sich unsrer angenommen,
wenn auch ohne strahlendes gepränge:
die da gehn umarmt durch das gedränge,
sind noch wirklich wie die schlehenhecken.
Und das amselbrot beginnt zu schmecken!
Wenn der jubel aus dem hause ist,
meld nicht gleich den frieden als vermißt,
sondern suche ruh in unsrer nähe:

wenn der kirschbaum kahl ist, reift die schlehe.

DER GARTEN D'ANNUNZIOS

Ein gartenreich: vollendet und mißraten.
Erinnern will sein herr sich. Und vergessen.
Sind das zypressen? Nein. Das sind granaten.
Sind das granaten? Nein. Das sind zypressen.
Du bist verwirrt. Um welche ruhmestaten
laubt hier der lorbeer? Über welch mißlingen
rankt efeu schwarz? –
               Die, die den park betraten,
versuchen die gewächse zu umschlingen,
um sie in ihre ordnung einzufesseln,
damit sie laut das lob des gärtners singen.
Und wer da schweigt, den peitschen sie mit nesseln.
Und wer da rühmt, dem blüht der oleander!
Und plötzlich traben, um ihn einzukesseln,
die statuen zerlebter abgesandter
aus strauch und busch, aus nischen und aus türen.
Und grauen spricht zur schönheit: „Miteinander
laß uns, du scheusal, den besucher führen
in unsres herrn geborstne labyrinthe".
Kein ausgang ist mehr hinter den bordüren.
Die dünnen bäche sind durchbläut mit tinte.
Das schiff ist biblisch auf dem berg gestrandet.
Jedoch ein kriegsschiff ists. Mit einer flinte
ist hier die taube nach der flut gelandet.
Und das, o gott, in einem, ölbaumhaine! –
Und bild frißt bild. Und seltsam sind verkantet
die sinne all beim anblick der gesteine,
die einer türmte, um dahinzudauern,
wenn seine verse nichtmehr noch gebeine
uns so vertraut sind, daß wir um ihn trauern...

Doch selbst der marmor: kann er lang sich wehren?:
der steinbrech wohnt sich fest an glatten mauern,
und moos beginnt den weg zu überqueren,
der farn schäumt auf; die palmen und die feigen,

ansonsten folgsam, sind nicht zu bekehren,
wenn aus dem see die kühlen nebel steigen,
ins glashaus heimzugehn zum überwintern...
Und angst vergeht. Denn satte käuzchen schweigen...

Welch weisheit sollt ich aus dem schrott noch sintern?:

Mir ging was vor. Das schwenkte frech den hintern...

DIE UMWEGE DER AUGEN

Den einen zu lieben ist schön. – Aber, ach:
es laufen die augen den anderen nach,
den breiteren schultern, vollendeter rund.
Den strengeren lippen, dem weicheren mund.
Dem längeren haar, dem geschorenen pelz.
Dem wankenden rohr, dem gestandenen fels.
Den nachtbrunnen-augen, den blicken wie zinn.
Dem sanftren profil, dem entschiedneren kinn.
Den mai-boys, bekleidet nur andeutungsweis.
Den müden atlethen, besprenkelt mit schweiß.
Dem lüsternen, lauernden, zockenden typ.
Dem in sich versunknen ich-habe-mich-lieb.
Dem hochmütig-fremden, der kostbar sich dünkt.
Dem, der mich er-männlicht. Dem, der mich verjüngt.
Den hintern wie früchte, verschieden und prall... :

Dem einzigen stern und dem gänzlichen all
gehn nach meine augen, kehrn wieder, und gehn.

Aber den einen zu lieben ist schön.

IMMER NOCH, EWIGLICH
(2000–2006)

RANGSDORFER ELEGIE

Seit hier wir saßen in der gartenfrische,
ist ein jahrzehnt und jener staat vergangen,
in dem wir weilten. – Überdoldet prangen
die fliederbüsche. Tja, die fliederbüsche!

Derweil verstrüppt, nicht harrend mehr des schnitts,
der rebstock wüst. Am hanfstrick aufgeknüpft
die hühnergötter, moosgrau schon. Nun schlüpft
die maus durchs gras, seit sie erfuhr: besitz
und eigentum verzweien sich famos
nach neuem recht: sie stiehlt ihr hab und gut!

Und hat, wie wir, all ihr vertraun vertraut...

Ach, sagst du ‚ruhe!', klingts wie ‚regungslos'...

Die mücke aber hinterläßt ihr blut,
das deines war, auf deiner dünnen haut.

UMGANG

Nun in den wettern europas
treib ich mich um, und der niederschlag
schmeckt anderswo anders, salziger oder
milder als der geräucherte regen
im tagebau-restloch, obwohl
auch dort keine schlote mehr rauchen.

Da könnte ich froh sein in meiner erwartung
des kieferngeschmacks auf der zunge, wenn die
ich raussteck... Wenn da bloß der anblick nicht wäre
derer, denen die selbige hängt
schlaff aus dem maul nach der neulichen jagd
nach nützlicher arbeit: die schlote
rauchen nicht mehr. Meine freude
ist würziger honig, ist bitterer hohn.

Und es siehet das schöne
nur jener, der abwendet sich.

HOHENOSSIGER LEKTION

Dunkel mit lack ist die kupferne platte versiegelt. Die bildung,
mutmaßt der zeichner, verbirgt listig sich unter dem lack.
Und mit geschliffener nadel bedrängt er die spurlose fläche,
bis auf konturen er stößt, klar, doch noch vorahnungsdünn.
Also befiehlt er der säure: grab nach! Und es geht in die tiefe
langsam das lösende salz, bis es den zeichner erlöst:
der wär, so denk ich, ein schönheitschirurg! Denn dem lehmwerk der schöpfung
machte mit falten gewitzt flugs er ein menschengesicht!
Aber zunächst liegen blank doch bloß platte und nerven des künstlers:
so, wie im spiegel er nie sich sieht (wir schauen uns nur
an aus dem spiegel, der spiegelt den spiegel, und an aus den bildern),
blitzt ihm entgegen sein werk deutlich, doch spiegelverkehrt.
Und das verletzte, geätze metall, drauf das rechte ein linkes
ding ist, packt fahrig er ein, packt fast verlegen es aus
später beim drucker. Da quelln aus dem spankorb, in dem er's verwahrte,
vor er es ausgräbt, zunächst ungeduld, neugier und angst:
holzwollner plunder, darunter, so hofft er, verbirgt sich ein wunder…
Und wie ein ei aus dem nest hebt es der drucker ans licht.
Seine pranken, die mächtigen, groben: wie sind sie behutsam!
Setz dich und trink ein glas wein, zitternder vater des bilds!
Fürchte dich nicht vor den pressen, archaisch, aus düsterem eisen,
nicht vor dem strengen geruch moorzäher farben im raum,
nicht vorm asphaltstaub, der aufwölkt im kasten, der rieselt aufs kupfer,
leicht, bis er eingebrannt wird, körnend die fläche: es soll
farbig belebt und als tiefe erscheinen der grund auch des blattes.
Drum macht poliertes man rauh. Nämlich die schönheit (grotesk
mags uns bedünken), sie wird doch bisweilen nach roher behandlung
deutlicher sichtbar: empört, handgreiflich selber schon fast,
sehn wir die spuren gar schändlichen jähzorns, doch gerne, wenn frauen
selber die lider sich bläun, hebts doch der augen magie!
Jetzt aber auswalzt der drucker bedächtig die klebrige farbe,
rollt das bedeckende schwarz über des künstlers gravur:
Einmal noch ungesehn, also wie ungeschehn ist nun die arbeit!
Aber vom druckstock sogleich wischt mit dem lappen, zuletzt

gar mit dem handballn der eifrige meister die schicht aus pigmenten:
alle linien sind sichtbar nun: zirrusgewölk,
zartschwarz am kupfernen himmel gen abend. – Das bild zu bedecken,
sucht der vollendende aus wählerisch nun das papier,
schwer und befeuchtet. Wie eine entscheidung kommts lastend zu liegen
dann auf der platte, die, ach, unter die walze gerät...
Nah dem infarkt ist der vater des bilds, wenn mit zärtlichen fingern
der, der die spindel gedreht, lüpfet gespannt, doch bedacht,
langsam den bogen, das schweißtuch des zeichners. Und wohlwollend kritisch
prüft er den abzug. Und dächt' jetzt er: gelegentlich ist
edler der druck denn die zeichnung, doch kupfer und farbe und bütten
adeln belangloses auch äußerst erstaunlich! – wenn er
selbiges dächte bisweil nach dem erstdruck: man säh es dem manne
äußerst nicht an. Und gelöst könnt man betrachten das blatt,
vor die kritik kömmt. Doch die wird nicht kommen in handwerkers klause,
wo es ganz unmodern riecht, wild wie die wirbelnde welt
außerhalb schnickschnacks, in dessen gemarkung die unsichren richter
kunst vermuten. Das macht: wer den computer nicht kennt,
kugelt beim anblick tapetener muster fast aus sich die augen.
Freilich: es fehlt die kritik nicht, wenn sie platterdings fehlt.
Manchmal noch fragt man am abend nach ihrem verbleib. Doch die bündel
kunstvoll bedruckten papiers türmen sich ohne ihr wort...
Mächt'ger noch dräuen die stapel unschuldig harrender bögen:
hier ist die werkstatt, das ist: stätte des werkes. Das heißt:
werk statt gerede. Der eine macht zeichen, der andre verbreitet
vielfach die nachricht. Die kunst, wo sie an dingen sich stößt,
wird wieder achtsam und wagt sich verwegen ins sinnliche wieder,
völlig veraltet wie der, der sie hervorbringt: der mensch.

Dann mit dem bild, das der meister befreite wie ihn aus den ängsten,
heimfährt der künstler. – Dann trinkt rotwein der drucker. Und: gähnt...

GEDÄCHTNIS

Der menschheit trauergedächtnis
wie jahresringe des uralten baums.

Der ist gekommen aus einem bitteren kern.

Der aber ist gekommen
aus einem biß in den apfel. Und
ich geh mit meiner laterne
unter der laubnacht: der menschheit
trauergedächtnis wie jahresringe
des uralten baums.

Der aber faulet
von innen heraus.
Und am ende, am wege, steht
nur noch die hülse aus rinde.

Und erkennbar ist nimmermehr,
ob die toten von heute
nicht vielleicht sind die letzten gefallnen
der gestrigen schlacht?

Denn am ende, am wege, steht
nur noch die hülse aus rinde.

Da zünde ich drinnen ein lichtlein an
in meiner friedfertigen ohnmacht,
auf daß es mir leuchte bis absehbar

im zerfallenden baum.

DER KIRSCHBAUM

Der kirschbaum wie eine kaskade von blut!

Sage noch: Amsel-vampire!,
und alle schönheit stürzt ins entsetzen,
weil deine augen nach innen sehn,
wo blut ist, und schlamm wird aus allen
leuchtenden früchten... – Was redest du so?:

Es fallen die tropfen, und wäre es blut,
uns in die münder, und würden sie schlamm,
würden sie blut doch von unserem blute,
ein purpurner vorhang hinter den augen,
verhüllend gnädig den blick in den pfuhl
und öffnend die augen fürs schöne davor.

Siehe, der kirschbaum wie eine kaskade
sprudelnden bluts!: Wenn der mörder nicht wär,
wär der vergleich nicht so mörderisch dir.

Und die amseln im kirschbaum
pickten die früchte wie eh und jeh
sich in die adern.

IMMER NOCH, EWIGLICH

Zerfallendes, immer noch, ewiglich. Auch
das langsamwüchsige zarte gesträuch
ist rege beteiligt an der zerstörung
des wohnlich gewesnen, und lieblich bedünkt
den makler das bäumchen, dem er verweigert
die gründung im grunde, sofern es verklimmt
sich droben im dachstuhl. Vorübergehend
ist reizvoll der anblick: es plustert sich hell,
es plustert im frühling der duftende schaum
sich hell aus den fenstern des berstenden bads:
holunder, holunder... In pfannkuchenteig
backte die dolden die trümmerfrau aus,
solange noch hitze im stein war. – Im garten
der gradegebogenen rosen ahmts nach
die barbie-uralte gespielin des hündchens
auf marmorner platte, elektrisch beheizt.
Und zitternd das arme gerippige luder
strullert sein stählchen parfüm unter sich:
ja, wenn es dobermann wäre! Doch so... :
wo ist es denn sicher? Es wär nur ein happs
für ludrige streuner, und ist nur ein schmus
dem zippligen frauchen. Wie lang noch?: bisweil
vorbeistapft gen abend der saurier prolet,
der aussterben geht. Aber was, wenn er stünde
am morgen, verkleidet als pizzaausträger,
jenseits der mauer, der neueren, und
ablenkte die frau mit dem schweren geruch
von schweiß und pomade und hefegebäck?
Keine beziehung ist sicher!, versichert,
der mit versichrungen handelt. Wie wahr!:
Zerfallendes, immer noch, ewiglich. Selbst
des räubers gewerb, das vor kurzem ihm noch
einbrachte mindestens schlagzeilenruhm,
ist nicht mehr erwähnenswert, denn

der markt ist gesättigt. Nur mut! Denn alsbald
ein dringend benötigter eiliger krieg,
der nie mehr von sowieso ausgehen sollte,
fliegt über die grenze, da kommet der presse
der schäbige dreckskerl vom dorfe grad recht,
den krieg ins vermischte zu drängen. –
                                        Gemach
zerfällt das bewußtsein, immer noch, und
ewiglich immer, ein brüchiges haus.
Und wölket sich schön wie die dolden holunders
der kalkstaub beim abriß. Und zählt nur sekunden.
Und ist kein holunder. –
                          Das neue, errichtet
zum abriß für neueres, siehe, es glänzt
insektenfarben und zuchtperlensanft,
vorübergehend betrachtet. Zur nacht
findet, der sucht, eine unterkunft nächtlich.
Selbst im zerfallenden. Immer noch. Ewiglich.
Unterkunft: ja. Und wer spricht schon von bleibe?

Was da gemahnt an ein haus, ist am rande des staubs.

NACHRICHT

Wir warteten nicht mehr auf nachrichten, denn
der untergänge verschiedene namen
konnt man sich eh' nicht mehr merken. –
                                            Vielleicht
verschlagen auf irgend ein eiland: daß dort
es sinn macht, zu warten!, dachte ich.
                                    Doch
auf was, da ich kannte den hafen des schiffs,
das etwa vorbeikam?: Sogar auf der insel
der äußerst fragilen zikaden gezirp
klang wie das sirren der stählernen saiten,
durch die die nachrichten wimmeln.

Nicht einmal die liebe bringt auf
soviel geduld, wie sie denn brauchte,
um ihren namen zu flüstern.
Denn sie auch fürchtet, die nachricht käme
zuvor der umarmung. –
                                In kühleren nächten
dampfet das meer, und die windhunde, bellend,
preschen und prellen gegen die klippen.

ABDANKUNG DER DICHTER

Wenn die dichter ins schweigen treten,
solln sie als letztes nicht künden,
die zeit sei nicht die der poeten.
Denn wenn im flußbett der lehm aufspringt
wie im ofen die kruste des brots,
dann sind die wasser unter der erde,
dann sind die wasser über der erde,
sind sie wohl fort, aber noch da.

Wenn die dichter ins schweigen treten,
solln sie als letztes nicht künden,
wie feigen wären der leutheit rings
gewachsen die ohren, beziehungsweise
abgefallen wie feigen.
Denn es ist vieles, und vieles zuviel,
gesagt in den jahren, doch alles
ist erst gesagt, wenn kein einziger mund
mehr da ist, zu flüstern. – Wer anbaut kein korn
in ermanglung der esser, der glaubt,
der satte wäre am anderen tage
immer noch satt.

Wenn die dichter ins schweigen treten,
sollten sie also als letzes künden:
wir sind keine dichter mehr!: einmal
absolut ehrlich sein! Und am applaus
würden sie merken: man hat sie gehört.

ABEITSLOS

Nicht, daß ich garnichts mehr hätte zu tun!

Aber was jetzt ich beginne,
dieses verbissene werkeln, das war
ein fröhlicher ausgleich mir vordem: das holz
sang unter der säge die auferstehung
des walds in verwandelte hausung.

Jetzt ist es, als ob ich regale fügte,
um andre regale hineinzuschachteln:
eckiger nachbau der jahresringe,
die reihenfolge bloß umgekehrt,
aber der keimling inmitten
bleibt unnachahmlich. – Verdammt,
es säet im garten so eifrig die frau,
die hilfsbereite, da keimt, wo sie ging,
doch sonderlich quecke und vogelmiere
und löwenzahn, der seine milchwurzel drängt
bis unter die tiefe des spatenstichs...

Mein vater erzählte: Im lager, man ließ
sie gräben ausheben, und zuschütten dann,
und ausheben wieder, damit
nicht auf gedanken sie kämen.

Da bin ich manchmal schon nahe dran,
wenn ich was tue, um was zu tun.

DIALOG

Licht fließt herab an den hängen!: –
Lava, die langsam erstarrt. –
Doch wolken darüber! – Der engen
steinstadt geäscherte himmelfahrt!. –

Siehst nicht du die früchte sich drängen! –
Geröll ist es, polternd vom ararat hart. –

Das volk sitzt vereint auf den rängen! –
Glasaugen-puppen mit flachsenem bart!. –

Ach, und ich glaubte, sie sängen.... –

Wahrlich, sie singt, die versinkende art:
als ob sie die wellen verschlängen! –

Doch höre, sie haben die worte bewahrt! –

Welche? Die heitren, die strengen? –

Die immer-worte, zusammengespart
für eine weitere gegenwart:

„Zwischen den untergängen
sind wir noch immer in fahrt!"

GROSSES LIEBESGEDICHT FÜR DIETER

Wo man gefeit ist ein lächeln lang
vor allen ideen, getreuer: allhie
hinter der haltbaren tür

bin ich kein dichter,
bin ich kein schwuler,
bin ich nicht alt.

Und von der liebe
will ich dir sagen
fröhlichen sinnes nach jahren und jahren:
noch immer hab ich mich nicht an dich.
vertrauter: gewöhnt.

GARTEN NACH JAHR UND TAG

Ich hatte mich geraume zeit gedrückt,
hinauszufahren in den schmalen garten,
der den beglückt, der sich ums blühen bückt.

Ich wußte drum: dort würde mich erwarten
ein wirr gewucher, queckiges geschlängel
wie hohngelächter, wenn ich all die zarten
gewächse suchte, wär's auch nur ein stengel
des schleierkrauts, das in der sommernacht
erglomm wie ein verflogner weihnachtsengel...

Dann, spotts gewiß, hab ich mich aufgemacht
mit gartenschere, sense, kettensäge
und mit entschlußkraft, mühsam aufgebracht.

Auch, falls der zaun zermürbt darniederläge,
mit einem bündel frischgeschnittner latten!
Und eingedenk der bittren niederschläge
vergangnen jahrs, war ich bepackt mit platten
aus hartgebrantem ton, der laube dach
neu einzudecken, daß in ihr der schatten
sich heimisch fühle. –
               So, für ach und krach
gut ausgerüstet, wagte ich mich endlich
ins übergrün. Und hörte, was ich sprach:
gebete warn's! Und ich mir unverständlich.

Und als ich aufsah (aufzusehn mich zwang:
der pflichtvergessne, weiß man, ist erkenntlich
an dem gesenkten blick): im überschwang
des hohen tages überschwenglich schäumte
das schleierkraut, und nicht nur weg-entlang!

Das buschwerk rings, das fast schon aufgebäumte:
es hatte übers jahr den zaun, den schwanken,
nicht fallen lassen. Und die totgeträumte,
verlassne laube hing in efeuranken
wie eine spinne in des netzes stricken.

Als wär sie fähig listiger gedanken,
verharrte starr sie, ausgesetzt den blicken
der grünen fliegen. Doch das große fressen
konnt' sich die spinne dann zusammenpflücken.
Mich aber hatte gar das gras vergessen.

Der alte birnbaum, nicht mehr ausgelichtet
seit jahr und tag: er hatte unterdessen
die zweige all gen süden ausgerichtet
und war mit gelben tropfen dicht behangen
wie nie zuvor: es hatte wohl verzichtet
auf mich der garten, und war fortgegangen
aus strenger ordnung. –
                       Wehe, er verlacht
den sinn des plans!, so dachte ich, befangen
in meinem plan. Doch jener ward gemacht,
zu zügeln meines fleisches wildes streben
nach aller lust. Ja, wer sich ausgedacht
das eckige papier, hat vorgegeben
des beetes maß. Doch unbewacht läuft nackt
sogar die zuchtform heim ins eigne leben.

Und ich stand da, in wildnis eingesackt,
wie in das erdreich alte siegessäulen. –

Jetzt hör ich manchmal, wie mein steißbein knackt;
auf meiner stirn sind neuerdings zwei beulen.

BEFREIUNG

Wer nichts will, muß es wollen. Und mitunter
gleich muscheln öffnen dann die sinne sich.
Ein wunder ist es zwischen all dem plunder!

Und wie ein kind erkennt als wesentlich
den kleinsten käfer, das geringste blatt,
wird ihm bewußt: wie soll mit neuem maß
er messen das, was er vergessen hat?
Und wie, das immer wiederkehrt, das gras?

Wer wie der zeiger einer sonnenuhr
das licht aussteht, statt von schein zu schein
ihm nachzujagen wie dem traum vom gold,
den spinnt es ein mit seiner honigspur,
dem bernstein-bunt. Er wird gefesselt sein.

Und frei, so frei, wie er es einst gewollt.

TÜBINGER NOTAT

Wo denn mir fiele das vaterland
endgültig aus dem begreifen:
o daß, mich zu retten vor ihm
und dennoch zumindest den leib
auch in ihm, wenn mir verödet ist
die sprache, weil keiner mehr spricht –
o daß sich fände in jener stund
aufs neu ein barmherziger schreiner!

Denn so ich trat aus dem halbrunden zimmer
droben im turm, war geraten mir
ins trübe gemüt ein tübingen-grün,
das würde gar gern sich vermehren.

Und über den neckar in einer frühe,
und wäre es jene der nahenden nacht,
spähte ich aus mit gelassenheit
nach dem anderen ufer,
drüben, hinter dem ozean.

NACH DEM WETTERBERICHT

1

Durch risse und ritzen dampften ins zimmer
die regenwolken und legten sich aus
als friedliche stille.
              Verlegen fast
knurrte der trotzigste all der verfrüht
in winterstarre hinein-resignierten:
„Was hilft's denn, wir müssen uns zimmern noch heut
den schwimmbaren kasten... Zusammenklaubt eilig
ums überleben, sofern ihr's denn wollt,
vorm hause das austriebsunfähige holz,
das unverbindlich geworden ist:
die fahnenstangen und festtagstribünen,
die eisenbahnschwellen und leitungsmasten,
die bretterzäune, die brückenstege,
und dieses trojanische, also barbarische,
verschaukelpferd auch. Und genügt es uns nicht,
dann müssen wir über die innenräumig
verfügten hölzer nun anders verfügen,
die treppen, die dielen, regale, paneele
und tresen und truhen, und türen und tische.
kisten und kästen und bänke und schränke.

Und nicht zu vergessen: die sorglich auf vorrat
gestapelten särge!: durchs regengeschwade
wird eh' doch kein fledermausschattiges mehr
herbeischwirrn, geschwind noch uns hingebungsvolle
spitzzähnig zu beißen ins untot-sein...

Jedoch schlagt im eifer zu brettern jetzt nicht
die letzten beblätterten bäume. Bedenkt:
am tage danach wird bedürfen die taube
des grünen, lebendigen zweigs, um zu künden:

da draußen ist alles ersoffen und tot! –
Was zögert ihr noch? Ach, denkt ihr, es wäre
kein platz auf der arche für alle? Bei gott!:
Es gingen schon vormals statt jenes bestimmten
einzelnen paares von jeglicher art
deren gleich vier von der sündigen sorte
unaufgehalten und fruchtbar an bord!

Also ans werk jetzt mit beilen und sägen,
mit hobeln und hämmern, und füget zusammen
sehr sorgsam die spanten und planken und bohlen,
denn draußen wird sturm sein; vermutlich jedoch
auch drinnen manch laute bewegung. Zugleich
wird aber uns werden zuteil auf dem kahn
ein großes vergnügen wie vor der erfindung
des apfelbaums, nämlich: wenn kaut wie die kuh
bedächtig der löwe die dorre luzerne,
und fröhlich die feldmaus mit katzen und käuzchen
teilet die körner und krumen!" –
                        O ja,
verführerisch warb er, der trotzigste aller
in winterstarre hinein-resignierten,
für seine idee des entkommens! Die leute
hörtens und lächelten mild und versonnen.
Dann sagten sie: „Ach…"

2
Erst, als schon wässriges troff von der decke,
geriet der umschlafene troß in bewegung.
Denn angst macht tot, oder beine.

3
Da war aber einer, der stand da am fenster
und spähte durchs fernrohr. Jetzt, ungefragt,
sagte er plötzlich: „Ach, leute,

bevor ihr die hölzer zusammentragt
und eifrig euch anschickt, die fähre zu fügen:
wer mut hat, schaue hinaus!:

wir *sind* auf der arche!"

VOR-ANGST

Ich kann nicht klagen!, sprach ich, das war
akazienhonig den freunden vielleicht,
wie schimmelnder essig den anderen. Da
spürte ich plötzlich im brustbeinbereich
ein winziges ‚wehe!', das wollte ins weite,
doch ich, wie gesagt: ich kann nicht klagen! –
Nur dass mir das keiner als notschrei verstand,
zumal: wie hätte ich fröhlich geprahlt
in jedermanns ohren landauf und landab:
ich mach, was ich kann, denn ich kann, was ich mach!

Und nun die Befürchtung, mir schlüge die stund,
da all meine laute trotz-alledem-lust
klein beigibt dem urteil der biologie,
und grind ist und schorf, was als mut mir erschien,

und alles aufbricht, und blutet, und blutet
wie alle geschichte von anfang an.

DA KANN ICH MIR JA GRATULIEREN!

Sanftsinnig richte dein augenmerk
von heute an auf das alterswerk,
den fädigen, müdsüßen honigseim,
zum haferschleim noch einen tüttrigen reim:
Denn wurdest du gestern noch ‚streitbar' genannt,
wars gestern. Doch heute? Na, lausch an der wand!
Da ist ein gerede vom zänkischen greis,
vom rumpelstilzchen, dess' namen man weiß,
dess' namen man weiß seit der mitternacht!
(Man hatte schon vorher so einen verdacht...)

Das ohr an die wand! Denn jetzt wirds intressant:
wer jüngst dir (leibhaftig) noch zugestand
von jeglicher wollust dein achtbares teil:
selbiger nennt dich nun ‚altersgeil',
als schösse ins kraut nicht die lüsternheit,
sobald man begreift seine sterblichkeit,
und folglich nicht jedem erst kurz vorm good bye! –

Verkneif dir nun aber auch dieses geschrei,
man wäre so jung, wie man sich fühlt!:
Wann hast du denn letztmals im garten gewühlt?
Und schau in den spiegel. Nein, nicht so gequält!
Nur zu! Und behaupte: was wirklich zählt,
sind innere werte! – O hinterhalt:
sag es, und schon bist du häßlich und alt.

DER GROSSE WIR

(für Dieter)

Der große wir hat vier augen,
mit denen schaut er zur gleichen zeit
nach rechts und nach links, bevor er betritt
die fahrbahn. So rasen die geisterfahrer
unverrichteter übeltat
an ihm vorüber, und blickt er nach vorn,
desgleichen zurück auch: vom großen wir
erwartet man also vergebens
den selbstverleugnenden widerruf.

Ja, wo kröchen schon längst
auf allen vieren der du und der ich,
da ist es verstattet dem großen wir,
gehen zu bleiben auf seinen vier beinen:
aufrecht! – Und überdies wäre es mir
ein mühsames tun von verblasenem sinn,
mit grad mal zehn zehen hervor mich zu strampeln
allmorgendlich unter der decke aus daunen.
Unter der decke aus luftigen daunen,
die schwer wird allmählich wie eine schicht
roher erde, uns auferlegt.

PETER GEIST
**„DIE GANZLUST HAB ICH" –
ZU DEN GEDICHTEN VON ANDREAS REIMANN**

Am Beginn der literarischen Karriere des Dichters Andreas Reimann stand das von einer Schauerballade Otto Ernsts inspirierte Gedicht „Sturm" des Zehnjährigen. Obgleich die Sturm- und Felsbilder noch völlig konventionell gehalten sind, fällt die Lust an klanglich-rhythmischer Verstärkung des evozierten Sturmgeschehens und der geschickte Zeilensprung im letzten Vers auf. Im Nukleus ist bereits enthalten, was die Lyrik Reimanns auszeichnen wird: Der große Gegenstand, unbedingter Formwille, der hohe Ton. In der Folge veröffentlichte der Jugendliche Gedichte in Zeitungen und Zeitschriften, die die Leserschaft verblüfften: Ein Halbwüchsiger, der zarten Sinn und kräftige Gebärde in asklepiadeische Odenstrophen empfahl und an die Sprachgewalt Ton Klopstockscher Oden, Hölderlins Hymnen furchtlos anschloss? Eine Erfolgsgeschichte schien sich anzubahnen, zumal der Lyriker und Professor am Leipziger Literaturinstitut, Georg Maurer, sich des jungen Dichters annahm und ihm die Gelegenheit eröffnete, an seiner Dichterschule zu studieren. Reimann avancierte zum „Benjamin" der „Sächsischen Dichterschule", wurde in einem Atemzug mit Volker Braun, Sarah und Rainer Kirsch, Karl Mickel genannt.
In den 1964 bis 1966 geschriebenen Gedichten ist die charakteristische Reimannsche Handschrift bereits voll ausgebildet. Auffällig ist zunächst die formale Strenge: Mal sind es vierhebige Jamben mit männliche Kadenzen, die die Reime trocken und pointiert erscheinen lassen, mal Terzinen oder Distichen, die den Bau des Textes bestimmen. Dieser konsequente Rückgriff auf tradierte Muster ist in das Vorhaben integriert, im poetischen Großtext das Ich-Welt-Verhältnis in weitgreifender geschichtlicher, eben auch literaturgeschichtlicher Dimension auszustellen. Dabei wird entweder ein metaphorisch ausfaltbarer Grundtopos („Rummelplatz", „Wartesaalnacht") vorgegeben, oder aber die in der Überschrift mitgegebene Genrebezeichnung präferiert die Leserichtung: „Elegie in Buchenwald", „Terzinen der erlebten Jahre", „Elegie vom Schälen der Zwiebel", Ode auf eine Ziegelwand", „Ballade von zwanzig Jahren".

Der Orientierung an klassischen Gedichttypen steht ein anderes Erbe nicht im Weg: das der lyrischen Moderne. Besonders in der Metaphorik und in den Bildverknüpfungen erscheint er als Nachfahre Arthur Rimbauds – die „Terzinen der erlebten Jahre" etwa verweisen auf Rimbauds „Das trunkene Schiff" -, wie er sich ebenso genau in den Techniken lautbildlicher Evokation einer Seelenlage, wie sie George entwickelte, zu vervollkommnen trachtete. Er weiß die Bennschen „Wallungswerte" in Klangmagie und harten Fügungen ebenso für sich zu nutzen wie die Möglichkeiten der Bildparadoxa, wie sie z.B. in der spanischsprachigen Lyrik von Alberti, Cernuda oder Neruda verfeinert wurden. Andererseits scheint dort, wo das Gedicht rhetorisch wird und Denkvorgänge nachbildet, der dialektische Sprachwitz Brechts durch. Doch auch die Barockdichtung darf nicht unerwähnt bleiben, wenn von Traditionsbindungen bei Reimann zu reden ist.

Dergestalt gerüstet, reißt sich der Sprecher wieder und wieder aus der gewöhnlichen Schickung in die erstarrenden Verhältnisse in seinem Lande. Reimann setzt auf Aufbruch, Bewegung, Widerstand gegen Verfestigungen. So sehr die Schlussverse der „Elegie von einem Freund" flammen: „Ich flagge die fahne protest!/Wir müssen den rechnern, den greisen,/verderben das zynische fest...", sie gehen über das in diesen Jahren flottierende Protest-Pathos im Namen der Jugendlichkeit eines Volker Braun, Wolf Biermann oder Rainer Kirsch deutlich hinaus. Die Ich-Ansagen sind keine rhetorischen Konstrukte, sondern gesättigt mit existentieller Kontradiktion des Lebens auf Messers Schneide. Das Befragen von Verhältnissen, in denen „dürre bewußtseins-prothesen" (Reimann), Phrase und Imitation verabreichter Ideologie den Inhalt sozialistischer Umwälzung mehr und mehr deformieren, war deshalb kein „Zeitungsgeist, aktionistisch tönend", wie Volker Braun im „Rimbaud-Essay" später über seine Jugendgedichte schreibt, sondern „rattenschschrill" (Reimann) mit Erfahrung beglaubigt.

Andreas Reimann, dessen 1966 fertig gestellter Gedichtband „Kontradiktionen" nie erscheinen sollte, rührte zudem im gleichen Atemzug ungeschützt an die offene Wunde Deutschland – „du haderland: mein vaterland", heißt es wiederkehrend in der „Chronologischen Elegie" -: Gedichte vergleichbarer Intensität, die „die verfluchte narbe aus zement" zum Thema erheben, sucht man in der deutschen Lyrik dieser Zeit vergebens. Diese literaturgeschichtlich erheblichen Leistungen der Lyrik dieses Dichters harren nach wie vor des Eingangs in historische Aufarbeitungen.

Der Dichter bekam als einer der ersten die Auswirkungen des eisigen kulturpolitischen Klimas nach dem 11. Plenum des ZK der SED im Dezember 1965 zu spüren. Anfang 1966 wegen „ablehnender Haltung gegenüber der Kulturpolitik der SED" exmatrikuliert, reagierte er darauf nicht etwa resignativ oder verbittert, sondern erleichtert und mit einem Produktivitätsschub, der sich in einem geradezu kosmisch-hymnischen Aufschwung in Langversen niederschlug, die in die Anrufung der Urelemente die Feier des Lebens betten. Übermütig figuriert das sprechende Ich schon mal als biblischer David: „(...) Ach, trug ichs schild/des david nicht, hab ich geführt/nicht ähnlich seinem steingeschoß/des wortes schleuder, war im heer/der schwächren ich nicht kampfgenoss?".

Zur Erleichterung, nicht mehr institutionell mit ideologischen Doktrin in Abwägungsklammern verbunden sein zu müssen, kam eine Befreiung ganz anderer Art, die Entdeckung der eigenen sexuellen Orientierung, die sich fortan in einer Vielzahl sinnlich-derber wie zarter Liebesgedichte fortschreiben wird.

Nach der traumatisierenden Armee-Zeit – Reimann wurde im November 1967 zum Grundwehrdienst einberufen und nach einem Suizidversuch vorzeitig entlassen –, beflügelte hernach der Prager Frühling den Griff zur Feder. Die brechtisch-aperçuhafte Tüpfelung „Frühling" fasst den neidvoll-hoffnungsfrohen Blick aufs Nachbarland. Der Schock über Niederschlagung des Prager Frühlings saß tief, und er sollte einschneidende persönliche Konsequenzen zeitigen: Im Oktober 1968 wurde Reimann verhaftet und wegen „staatsfeindlicher Hetze" für zwei Jahre ins Gefängnis expediert: ein Lebenseinschnitt, aus dem der Autor übrigens nach 1989 anders als viele andere kein Vordergründigkeitskapital schlagen wollte. Aber es war ein Einschnitt, der in einer existentiellen Notsituation die eigene Berufung nachhaltig klärte. Reimanns Lebenswille, bestärkt durch die in die Zelle mitgebrachten Stimmen der Dichterinnen und Dichter, konnte sich an den selbst unter extrem eingeengten Bedingungen möglichen Entdeckungen in karg „zugeteilter" Natur erhalten, denen er z. B. in „Kamille" oder „Keine Erinnerung als die" sprachliche Dauer verlieh: „(...)/obzwar doch die krähe wie anderswo schrie:/von allem vergessnen vergesse ich nie:/himmel, beflogen, septemberblau." Im Gefängnis entstand auch das Gedicht „Figurationen der Farbe rot", das noch nach seiner Erstveröffentlichung in Reimanns erstem dann in der DDR veröffentlichten Gedichtband für erregte Diskussion in der Zeitschrift „Temperamente" sorgte. Was in Gedichten Mitte der sechziger Jahre noch als Vorsatz und Handlungsmaxime in Mythologeme und Großmetaphern eingebunden worden war, führt Reimann jetzt als poetische Sprachbewegung selbst vor: Dem Herrschaftsdiskurs die alleinige Deutungsmacht über politische Symbole abzusprechen bedeutet nun, unterhalb des Symbolischen zu bleiben, Bedeutungen sinnlich zu entfächern, an die individuelle Erfahrung und Würde des Einzelnen zu binden und darüber Möglichkeiten des Symbolischen erst lebendig wiederzugewinnen. Deshalb steigt das „große rot" nun hundertfarbig in seinen sinnlichen Erscheinungen „von des pfirsichs milde(r) tönung" über „stöckelschuh" bis „der freundin mund" im Gedicht herauf, das resümiert: „in allen farben sag ich: rot, rot, rot!" Andreas Reimann gehört gewiß zu den Autoren der DDR, denen – nicht allein durch die Haft, sondern durch fortwährende Publikationsverweigerung und durchgehende Observierung – am übelsten mitgespielt wurde. Dass er dieser Zerstörungs- und Zermürbungsarbeit mit ästhetischer wie philosophisch-politischer Kreativität entgegnete, ist bewundernswert genug; dass er sich darüber hinaus nicht beirren ließ, dem aufklärerischen Utopievorschuß sozialistischer Gesellschaftsvorstellungen Lebenskraft zuzubilligen, ist gleichwohl imponierend. Zumal er genötigt wurde, sich nach der Haftentlassung 1970 zunächst als Lager- und Transportarbeiter, Brauereihilfsarbeiter oder als Lohnbuchhalter durchzuschlagen. Der damit verbundene Zugewinn an sozialer Erfahrung floss in etliche Gedichte der siebziger Jahre ein: Gedichte wie „Bericht" oder „Die Ausgezeichnete", aber auch „Etliche Dichter" würdigen, nicht ohne Polemik, Lebensschicksale abseits der öffentlichen Scheinwerfer. Überhaupt kündet das lyrische Werk dieser Jahre von einer Feier des Daseins, die staunen ließe angesichts des biographischen Hintergrunds, aber dann hätte man die zahlreichen Fingerzeige in Hexametern und Distichen überlesen: auf Reimann den Epikuräer, Reimann den Stoiker, Reimann den Dialektiker. Etwa diese Widmung, die dem Gedichtband „Die Weisheit des Fleischs" vorangestellt ist: „An alle // Nichts mehr, ich bitt euch, an mitleid vergeudet, um mich zu erheitern! / Denn ich bin glücklich. Wieso? Nichts blieb mir jemals erspart."

1975 wurde im Mitteldeutschen Verlag die überfällige Veröffentlichung eines Gedichtbandes endlich bewerkstelligt. Dass der Erstling einen beträchtlichen Erfolg für sich verbuchen konnte – er erlebte, für einen Gedichtband ungewöhnlich, drei Auflagen –, hing sicher auch ein wenig mit dem Um-

stand zusammen, dass Reimann 1974 in der Akademiezeitschrift „Sinn und Form" mit einem essayistischen Rundumschlag gegen den Vormarsch des Dilettantismus, der Anspruchs- und Formlosigkeit in der jüngsten DDR-Lyrik für Aufregung sorgte. Längst war Reimann eine Instanz geworden, die er ungeorgisch trotz auffälligem Jünger-Kreis akzeptierte. „Die Weisheit des Fleischs" ist wahrlich ein aussagekräftiger Titel. Kein anderer deutscher Lyriker hat so sinnenkräftig und in opulenten Bildfindungen die leiblichen Genüsse des Essens, Trinkens, Liebens, des Gespräches mit Freunden im dichterischen Wort geadelt. „die philosophie vom genießen der welt", wie es in dem vom Autor als „Hungerphantasie" apostrophierten Gedicht „Rede an eine reichliche Mahlzeit" heißt, schließt dabei stets die Anmut der Form und eine Widerspruchsdialektik der Reflexion ein, wie in „Glücklicher tag": „(...) Gäste gen abend. Ihr rotweingelächter / nachthin. Da nehmen mich ein und mich ernst / die freunde, denn nun widersprechen sie mir. / (...)". Diese Grundhaltung, übergenug in den Lebenserfahrungen beglaubigt, ist nie Koketterie, vielmehr Essenz, noch im Bedenken der Liebe: „Denn wie alles, das wächst: liebe ist widerstand! / Treibt der baum nicht den saft wipfelempor: er ist / nichts als holz. Und wenn währte / nicht die lust der geschlechter: dann / wäre sinnlos die lust unserer hände(...)"
Solcherart Ästhetik der Gegensätze in Gegen-Sätzen führt Reimann in dem 1979 veröffentlichten Band „Das ganze halbe Leben" stringent weiter. Im Vergleich beider Gedichtbände fallen einige Akzentverschiebungen auf: Barock-wuchernde Langverse sind jetzt seltener anzutreffen, die Orientierung auf Gedichtformen wie das Sonett oder die Stanze kommt der Präzision des Auszusagenden zugute. Eine Stärke der Gedichte in diesem Band besteht darin, dass Reimanns Sehweise auf die Welt frei von Selbstgerechtigkeit ist, dafür aber von sensueller und sensibler Neugier getragen wird, die das angesprochene Andere, egal ob es sich um das Land oder einen geliebten Menschen handelt, in seinen Eigenwert anerkennt, ohne die Not des Begehrens, den Widerspalt zwischen Vernunft und Extase-Verlangen kleinzuschreiben. Diese eher klassisch zu nennende Haltung prägt in besonderer Weise die Liebesgedichte, die oft dem komplizierten Wechselspiel von Nähe und Freiheitsgewinn nachspüren.
Reimanns Fähigkeit, dialektischen Witz einprägsam in das Widerspiel von Vorgang und Reflexion, Rhythmus und Reim zu betten, prädestinierte ihn für ein benachbartes Genre: den Liedtext. Bereits Ende der sechziger Jahre

hatte er begonnen, Songtexte für befreundete Liedermacher zu verfassen, und die poetische Qualität seiner Texte sprach sich rasch herum. Seit den siebziger Jahren entwickelte der Lyriker ganze Programme für Liedermacher, u.a. für Hubertus Schmidt, Stefan Krawczyk, Andrea Telemann, Susanne Grütz, Joachim Schäfer u.a., Programme, die bei den „Tagen des Chansons" in Frankfurt a. O. in schöner Regelmäßigkeit die Preise einfuhren. Als sich in den achtziger Jahren die Hoffnungen auf einen neuen Gedichtband zerschlugen, weil Reimann sich öden Kompromissen verweigerte, avancierte das Schreiben für Liedermacher und Rockgruppen immer mehr von einer schönen Neben- zur Hauptsache. Andreas Reimann hat im Laufe der Jahre rund fünfhundert Songtexte geschrieben, einige, wie „Will an Deinen Leib mich fügen" wurden, in der Interpretation der Gruppe „Lift", überaus populär. Der vorliegende Auswahlband konnte nur einige wenige dieser Texte aufnehmen. Dafür aber etliche Gedichte, die Reimann nach Manuskriptabgabe des zweiten Gedichtbandes 1976 schrieb, aber noch nie veröffentlicht wurden. An vielen Texten aus dem Verfallsjahrzehnt der DDR fällt die gehärtete Diktion ins Auge, die Raum schafft für einen düsteren Humor, für ein zorniges Einsprechen angesichts der Zustände im Land. „Zustand" ist ein Gedicht aus dem Jahre 1978 überschrieben, das mit Befund endet: „Wir haben uns eingerichtet / in provisorien, / die haltbarer scheinen / als der beton / an der grenze des lands." Nicht zu übersehen ist indes, dass in den achtziger Jahren auch Trauer und Beängstigung Eingang in den Vers finden. Nun klingt ein Gedicht mit dem aufschlussreichen Titel „Wenn meine verse dunkel sind" 1986 lapidar wie bitter aus: „Im großen zirkel der idee: / wo bin denn ich? / Die goldnen berge / zergehn wie unser armes fleisch. // Die mauer steht. / Ich / fall."

Als drei Jahre später die Mauer fällt, treffen die geschichtlichen Umbrüche den Dichter alles andere als unvorbereitet. Wiewohl er nach 1989 neue Gedichte in gebündelten Häppchen – erotischen Gedichten, Italien-Reminiszenzen, Song-Texten und Sonetten – unter rührige Verleger-Enthusiasten streute, sollte es allerdings bis 2004 dauern, bis mit „Zwischen den Untergängen" nach reichlich 27 Jahren (!) wieder ein gewichtiger Gedichtband dieses Lyrikers erschien.
In der neuen Schaffensphase seit 1989 seien drei intentionale Schwerpunkte hervorgehoben: Eine erste Gruppe von Gedichten setzt sich den politi-

schen Erdbeben dieser Jahre ins Verhältnis und den Verwicklungen des sprechenden Ich mit der Historie. Vom Dichter als „Überlebenszeichen" apostrophiert, sind sie nicht allein grimmige „Wende"-Notate und poetische Gänge ins Dunkle der eigenen Lebensgeschichte, es sind dabei auch kräftige Schläge ins Kontor neudeutscher Mythenproduzenten. Die in den Umbruchzeiten geschriebenen Gedichte bezeugen eine Hellsichtigkeit, die als Ausweis poetischer Qualität gelesen werden kann. In „Dialog" konterkariert Reimann die bizarren Illusionen des 89er Herbstes: „Wahrlich, sie singt, die versinkende art:/als ob sie die wellen verschlängen!/Doch höre, sie haben die worte bewahrt!-/Welche? Die heitren, die strengen?-/Die immer-worte, zusammengespart/für eine weitere gegenwart:/‚Zwischen den untergängen/sind wir noch immer in fahrt!'"
Die neue Freiheit erkundet Reimann in einer „Kleinen Emigration", in einer zweiten Gruppe, die man etwas unscharf als „Reisegedichte" bezeichnen könnte. Den es da „in den wettern europas" umtreibt, der da außerhalb Deutschlands als Fremder mehr im Einklang mit sich schaut und staunt als daheim, der schaut und staunt weniger als Reisender, der bewegt sich auch dort am Weltspalt: „Meine freude/ist würziger honig, ist bitterer hohn./Und es siehet das schöne/nur jener, der abwendet sich." Die Reisen in den Süden sind allerdings auch Fliehbewegungen aus einem zunehmend fremderen Deutschland: „(...) Du sagtest ‚reisen!',/und du meintest ‚fliehn!'/aus dieser grellen, absoluten leere,/wo gar gebete falln ins ungefähre./Noch spricht der priester. Aber, ach, wohin?" Es wundert deswegen wenig, wenn der Dichter gerade auf Reisen die Kontaktnahme sucht mit außer Landes ge- bzw. vertriebenen Kollegen wie Goethe, Klaus Mann und anderen.
Eine dritte Gedichtgruppe stellt sich in vegetativ-kreatürlich unterlegten Bildläufen den großen Themen von Lieben und Sterben, Werden und Vergehen. Intensiv gezeichnete Bilder der Natur, oft mit biblischen Motiven bereichert, verhehlen dabei nie die Nähe von Schönheit und Schrecken, etwa wenn „Der kirschbaum wie eine kaskade von blut!" („Der Kirschbaum") erscheint. Wenn überhaupt, erscheint das Rettende in der Liebesbegegnung, wie im dem Lebensgefährten gewidmeten „Große(m) Liebesgedicht", das sich „fröhlichen sinns" erklärt.

Was kann man diesem exzellenten Dichter der „ganzlust" (Reimann) zum Jubiläum wünschen? Vielleicht das „tübingen-grün,/das würde gar gern sich vermehren", wie in einem 2006 geschriebenen Gedicht notiert? Auf jeden Fall aber, dass der hiermit vorliegende repräsentative Auswahlband aus dem reichen lyrischen Schaffen dazu beitragen möge, einem der bedeutenden deutschen Lyriker der Gegenwart jene Aufmerksamkeit zuteil werden zu lassen, die er sich schon seit langem schreibend verdient hatte.

SELBSTAUSKÜNFTE, FRAGMENTARISCH

Geboren am 11.November 1946 als Sohn eines Grafiker-Ehepaares in Leipzig. 1953 Flucht des Vaters nach West-Berlin. 1954 Suizid der Mutter. Einweisung der Kinder A. und Gabriele R. in ein Jugend-Heim. 1955 Tod des Vaters unter ungeklärten Umständen in West-Berlin. Ab 1956 unter staatlicher Vormundschaft bei der Großmutter Thea Reimann-Weide in Leipzig.

1. „STURM":
Erstes Gedicht, entstanden Sommer 1957 bei einem Ostsee-Aufenthalt. Erste Rundfunksendung (Radio DDR, Sender Leipzig) 1958. Die Gedichte wurden gesprochen von Christa Gottschalk und Wolfgang Jacob. „Wunderkind"-Status bei den alljährlich stattfindenden Schüler-Rezitations-Wettbewerben „Fest der deutschen Sprache". 1959 Auszeichnung vom Rat der Stadt Leipzig anläßlich des Schillerjahres. 1959-61 mehrere Publikationen in der Lokalpresse, die von der als Übersetzerin tätigen Großmutter lanciert wurden. Diese Gedichte sind hier nicht berücksichtigt. Ende 1961 erste Veröffentlichungen im SED-Zentralorgan „Neuen Deutschland" und im „Sonntag" (Wochenzeitschrift des Kulturbundes der DDR, heute „Freitag").

2. „WEGSUCHE":
Erstveröffentlichung der meisten dieser zwischen 1962 und 1963 geschriebenen Gedichte in „Neues Deutschland" in den Jahren 1963-65. Nach dem Abdruck des Gedichts „Diskussion" (1963 entstanden) in der Wochenendbeilage „Die gebildete Nation" des „ND" im März 1965 erschienen an zwei aufeinanderfolgenden Wochenenden Auszüge aus Leser-Briefen unter dem Titel „Stachliges zur ‚Diskussion' ". Erst in diesem Zusammenhang wurde die Redaktion von Eva Strittmatter über das Alter des vermeintlichen „Schreibenden Arbeiters" informiert. Wiederum zwei Jahre später (1967) wurden dann u.a. die hier vorgestellten Gedichte in die von Gerhard Wolf und Heinz Czechowski herausgegebenen Anthologie „Erlebtes Hier. Neue Texte neuer Autoren" (Mitteldeutscher Verlag) aufgenommen. Die falsche Datierung von zwei dieser Arbeiten im Auswahlband von Wolf und Czechowski sollte offen-

sichtlich dessen „Aktuallität" vortäuschen. Der ursprünglich vom Verlag für diese Publikation vorgesehene Titel „Wie Jonas leben" wurde vom Ministerium für Kultur abgelehnt.

3. „KONTRADIKTIONEN":
Seit September 1963 Schriftsetzer-Lehre.
Ab Mai 1964 Arbeit an dem Zyklus „Kontradiktionen". Mitte 1965 erste Erwägungen, diese Arbeiten dem Verlag Klaus Wagenbach anzubieten.
Juli 1965 Facharbeiterbrief.
September 1965 auf Einladung Georg Maurers Beginn eines Studiums am „Institut für Literatur ‚Johannes R. Becher' ", in Leipzig.
Georg Maurer und Franz Fühmann rieten von einer West-Publikation der Texte ab, vermittelten aber gleichzeitig den Kontakt zu Dr. Kurt Batt vom Hinstorff Verlag Rostock. Geplant war, die Anfang 1966 abgeschlossene Sammlung bereits im Herbst 1966 in Buchform vorzulegen. Sie umfaßte ca. 25 längere Texte.
März 1966 vorzeitige Exmatrikulation wegen „ablehnender Haltung gegenüber der Kulturpolitik der SED" nach dem 11. Plenum des ZK im November 1965. Die Begründung der Exmatrikulation schloß mit der Behauptung, das „ein Talent sich subjektiv verschleißt, wenn es versucht, sich über die Zinnen der Partei zu erheben." (Max Walter Schulz).
Eröffnung des „Operativen Vorgangs ‚OV ‚Autor' " durch das MfS, der bis zum Mauerfall weitergeführt wurde.
Aus dem Zyklus „Kontraditionen" erschienen in westdeutschen Verlagen als „ungenehmigte" Vorabdrucke die Gedichte „Elegie in buchenwald" (Anthologie „Aussichten", herausgegeben von Peter Hamm, Biedersteim 1966), „Rummelplatz" (in „Kürbiskern", 1966) und „Elegie vom schälen der zwiebeln" (Anthologie „Lyrik aus dieser Zeit" von Wolfgang Weihrauch und Johannes Poelthen, Bechtle Verlag 1967) sowie 1968 im Aufbau-Verlag Ostberlin der „Versuch über den abend" (Anthologie „Über die großen Städte"). Das letztgenannte (hymnische) Schlußgedicht der Folge entstand unmittelbar nach der Exmatrikulation des Verfassers.
Mehrfach wurden zwischen Anfang und Mitte 1968 bei Hausdurchsuchungen von der Stasi originale Gedichtmanuskripte eingezogen. Des-

halb folgen die hier abgedruckten Gedichte dem Wortlaut der 1998 in den Akten des MfS wiedergefundenen Manuskripte, die nicht in jedem Fall mit den für eine Veröffentlichung vorgesehenen und noch nicht wieder aufgespürten Fassungen übereinstimmen müssen. Der Versuch, die Veränderungen aus dem Gedächtnis zu rekonstruieren, wurde bewußt nicht unternommen.

4. „MÖGLICHKEITEN":
Ab 1966 Tätigkeit als Außen-Lektor des Hinstorff Verlag Rostock.
Erste, mehrere Gedichte umfassende Vorstellung des Autors Mitte 1966 (also ein Jahr vor der Publikation in „Erlebtes Hier") in der von Peter Hamm in Westdeutschland herausgegebenen Anthologie „Aussichten. Junge Lyriker des deutschen Sprachraums".
Die unter dem Zwischentitel „Möglichkeiten" versammelten Gedichte reflektieren die befreiende Erkenntnis der homosexuellen Prägung ebenso wie die neugewonnene Mündigkeit nach seiner Entlassung aus dem Wehrdienst (November 1966 bis März 1967), der ein Suizidversuch vorausgegangen war.
In den folgenden Gedichten kommen illusionäre Hoffnungen auf eine grundlegende Reform der gesellschaftlichen Verhältnisse zum Ausdruck („Prager Frühling").
Der bei Hinstorff geplante Gedichtband enthielt nach mehrmaligen internen „Umarbeitungen" nur noch drei Gedichte aus „Kontradiktionen". Er sollte unter dem nichtssagenden Titel „Straßenkreuzung" zur Frühjahrsmesse 1969 erscheinen.
Am 1. Oktober 1968 verhaftet.
Sämtliche Arbeiten wurden noch kurz vor Drucklegung aus in Vorbereitung befindlichen Anthologien („Auswahl 68", Verlag Neues Leben; „Saison für Lyrik", Aufbau Verlag; „Brücken des Lebens", Mitteldeutscher Verlag) entfernt. Lediglich die in den Band „Über die großen Städte" (Aufbau Verlag; Herausgeber Joachim Schreck) integrierten Gedichte konnten nicht mehr ausgesondert werden, so daß März 1969 – während meiner U-Haft bei der Stasi – in einer „ND"-Rezension die Rede davon war, daß im Besonderen A.R. das „neue sozialistische Lebensgefühl" zur Sprache bringe. Auch wur-

de im Klappentext der Anthologie „Brücken des Lebens" eine namentlich gekennzeichnete Strophe aus dem Gedicht „Ode auf eine Ziegelwand" als Motto zitiert, obwohl die Beiträge des Autors aus dem Band getilgt worden waren.

Die Gedichte „Kamille" und die noch immer von der Idee des „Sozalismus mit menschlichem Antlitz" geprägten „Figurationen der farbe rot" entstanden 1969 bzw. 1970 in der Untersuchungshaftanstalt des MfS, Dimitroffstraße 2 a, in Leipzig. Da es mir hinter diesen Mauern zu keiner Zeit gestattet war, Eigenes schriftlich zu fixieren, lernte ich die Verse auswendig.

Nach knapp eineinhalbjähriger Untersuchungshaft kam es zur Verurteilung zu zwei Jahren Gefängnis wegen „staatsfeindlicher Hetze".

Die Strophe „Keine erinnerung als die" entstand kurz vor der Entlassung am 1.Oktober 1970 aus der Strafvollzugsanstalt Cottbus.

6. „DIE WEISHEIT DES FLEISCHS":

Nach der Haftentlassung Oktober 1970 Arbeit als Lager- und Transportarbeiter, Brauerei-Hilfsarbeiter und Lohnbuchhalter (bis 1973).

Außer den schon früher entstanden Texten „Du wirst es wieder sagen", „Einundzwanzig sätze über t.", „Von der genügsamkeit", „Prager brief", „Stunde terrasse" und „Figurationen der farbe rot" wurden in diesem Zeitraum alle Gedichte geschrieben, die 1975 unter dem Titel „Die weisheit des fleischs" im Mitteldeutschen Verlag erschienen.

Das Manuskript dieses Gedichtbandes war zuvor Mitte 1972 vom „Aufbau Verlag" als „unverständlich" abgewiesen worden.

Max Walter Schulz, der einerseits die Auswirkungen seines oben zitierten Gutachtens für das MfS offenbar unterschätzt hatte, andererseits angesichts der ihm vorgelegten neuen Texte aber auch seine These vom „subjektiven Talentverschleiß" selbst in Frage stellte, beschloß 1973, meine Arbeiten entgegen den Warnungen des MfS in der Akademie der Künste der DDR vorzustellen. (Zu dieser Lesung hatte die Staatssicherheit Leipzig eine Einsatzgruppe nach Berlin entsandt).

Ebenso engagierte sich M.W.S. beim Mitteldeutschen Verlag für den Druck des Buches, wobei während der Arbeit am Manuskript z.B. die Verse „Kleine heimkehr" durch ein weniger eindeutiges Gedicht zum gleichen Thema ersetzt wurden.

Ohne dass die offizielle Literaturkritik der DDR den Gedichtband zur Kenntnis nahm, erlebte er drei Auflagen.

7. „DAS GANZE HALBE LEBEN":
Wie schon in der Gedichtgruppe „Die Weisheit des Fleischs" in diesem Buch gehörten alle im Inhaltsverzeichnis mit „unveröffentlicht" oder „Erstveröffentlichung nach 1990" gekennzeichneten Gedichte (außer den Lieder-Texten) ursprünglich zu den Manuskripten der Bände „Die Weisheit des Fleischs" bzw. „Das ganze halbe leben".
Der Band „Das ganze halbe Leben", der Gedichte aus den Jahren 1974–76 enthält, wurde 1979 im Mitteldeutschen Verlag veröffentlicht, und erschien wiederum in insgesamt drei Auflagen. Die offizielle Literaturkritik nahm auch ihn nicht zur Kenntnis.
Nachdem ich mich vergeblich darum bemüht hatte, wenigstens einige der früheren Arbeiten in einen der beiden Gedichtbände hinüberzuretten und auch die neuesten Gedichte keine Aufnahme in den zweiten Band fanden („Gemütlichkeit", „Dimitroffstraße 2 a"), bot ich später dem Verlag noch eine Sammlung von Liebesgedichten an. Sie wurden abgelehnt mit der Begründung, dass sie „unter dem literarischen Niveau der früheren Texte" lägen.
Über den A.R. dieser Jahre teilt Gerhard Wolf, seinerzeit Lyrik-Lektor im Mitteldeutschen Verlag, 1999 mit: (Er schrieb über das) „Land, an dem er litt, weil es ihn ausgrenzen wollte, politisch wegen widersetzlichen Charakters, moralisch wegen Liebe zum gleichen Geschlecht, und eben überhaupt, weil er schrieb und zeichnete, was die Behörde lieber beschlagnahmte und in Akten verschloß, als es der Öffentlichkeit preiszugeben." (G.W., Laudatio zur Verleihung des Leipziger Literaturstipendiums 2000).
Obwohl der Text „Du wirst es wieder sagen" nach Hans Stempel / Marin Ripkens das erste schwule Gedicht, das in der DDR veröffentlicht wurde („Auswahl '74; herausgegeben von Bernd Jentzsch) gewesen sein soll, konnten die meisten der Liebesgedichte erst 2000 in dem Band „Die männlichen zeitalter" (Konkursbuch Verlag) bzw. in „Will an deinen leib mich fügen" (Connewitzer Verlagsbuchhandlung 2006) gesammelt erscheinen.
Auf ein eingereichtes Essay-Band-Manuskript reagierte der Mitteldeutsche Verlag mit Bearbeitungswünschen, die das Maß des Zumutbaren überstiegen. Es wurde zurückgezogen.

8. „RÜCKFALL NACH GUTENBERG":
Ab 1976 (bis 1980) kam es bei verschiedenen Verlagen zu Nachdichtungs-Aufträgen: Reclam Leipzig (Rimbaud u.a.); Eulenspiegel (tschechische Chansons); Volk und Welt (Nikolai Sabolotzki u.a.) Kinderbuchverlag Berlin (Ellen Niit u.a.)
Bereits 1972 begann die Zusammenarbeit mit dem Komponisten Hubertus Schmidt, den ich im Gefängnis kennengelernt hatte. Nachdem nunmehr sämtliche Zeitungen und Zeitschriften die Veröffentlichung von Texten ablehnten, kam es zur kontinuierlichen Zusammenarbeit mit Chanson-Interpreten, deren offizielle Berufsbezeichnung „Liedermacher" den Eindruck einer Personalunion von Textautor, Komponist und Sänger assoziierte. Mein Name durfte als Urheber der Texte nicht genannt werden.
„Beispiel untypischen lebens" wurde zum Entree-Gedicht bei allen Lesungen ab 1977.
Aktenkundige Weigerung, geplante (Kirchen-)Tourneen mit Bettina Wegner abzusagen. Gemeinsame Auftritte u.a. in Meißen, Rostock und Güstrow.
1979 scheiterte ein weiterer Versuch, ein Manuskript mit neuen Gedichten und Liedern im „Aufbau-Verlag" unterzubringen. Der Band wurde mit dem Hinweis auf das „bereits auf einen längeren Zeitraum verplante, begrenzte Papierkontingent" abgewiesen. Ich stellte einen Ausreise-Antrag. Die Zweifel an diesem Schritt artikulieren die Verse „Müdes gedicht".
Trotz mehrmaliger „Angebote", die DDR umgehend verlassen zu können, unterblieb eine Ausreise. Ab 1980 Lebensgemeinschaft mit Dieter Ramke.

9. „ABWARTEN UND TEE TRINKEN":
Nach der Premiere des Programms „Auf zwei Füßen" (1984), für das die meisten der Texte von mir waren, wurde dem Komponisten und Sänger Stephan Krawczyk vom damaligen stellvertretenden Kulturminister in persönlichem Gespräch u.a. die Aufführung des Liedes „Unsere alltägliche Macht" verboten. Das „Gegenlied zu ‚Unsere alltägliche Macht' entstand am darauffolgenden Tage.
Andererseits wurde der Titel „Der frieden" (Rock-Gruppe „Lift") trotz Intervention des damals für Kultur zuständigen Sekretärs des Zentralrats der FDJ Hartmut König, Autor des Oktoberklub-Songs „Sag mir, wo du stehst", gegen den „Pazifismus" des Liedes auf der LP „Rock für den Frieden" veröffentlicht.

1986 entstanden die Lieder „Wenn" und „Regenbogenchoral" mit der Musik von Walter Thomas Heyn für den „Regenbogentag" (erste Bezeichnung der späteren „Friedensgebete") der Leipziger Nikolaikirche. Sie wurden von der Sängerin Angelika Richter interpretiert.

Die notwendige Begrenzung des Umfangs dieses Auswahl-Bandes bedingt es, bis auf wenige Beispiele auf die Dokumentation der vielfältigen Chanson-Texte, Vorlagen für Rock-Gruppen und Libretti (Kantate „Sieben Kontrapunkte zur Geschichte"; Musik: Walter Thomas Heyn, 1986; Kinder-Oper „Der Drache Drax", Musik: Hubertus Schmidt 1986; Song-Spiel „Der Plunderhund im Lande Wunderbunt", Musik: Walter Thomas Heyn, 1989) zu verzichten.

In diesen Jahren entstanden auch zahlreiche reimlose Liebesgedichte, die sich zu einem Zyklus fügen sollten, etliche Sonette und lyrische Reaktionen auf gesellschaftlichen Zustände, von denen hier erstmals eine größere Auswahl veröffentlicht wird.

„Wenn meine verse dunkel sind" war das Entree-Gedicht bei jeder Lesung seit 1986.

Die Texte „Beispiel untypischen lebens" und „Rezept aus dem altertum" erschienen zuerst in der kleinen „Underground-Zeitschrift" „Anschlag", herausgegeben von Angelika Klüssendorf und Wiebke Müller (ab 1984).

Eine Reihe von entwendeten Notizbüchern, in denen sich weitere unveröffentlichte Gedichte befinden, wurden in den Unterlagen der BStU bislang noch nicht wieder aufgefunden.

ZU DIESER AUSGABE

Dieser Band ist als Einblick in ein lebendig-widersprüchliches, noch immer in der Metamorphose befindliches Werk konzipiert.
Er enthält fünfzig bisher unveröffentlichte Gedichte sowie fünfundzwanzig zwischen 1967 und 1976 entstandene Texte aus den Büchern „Die weisheit des fleischs" und „Das ganze halbe leben", die bislang nicht wieder gedruckt wurden.
Weitere vierzig vor 1990 entstandene Arbeiten, die in einem der späteren Auswahlbände Aufnahme fanden, sind hier erstmals in ihren chronologischen Zusammenhang gestellt worden.

Wir danken der Kulturstiftung des Freistaates Sachsen für die Unterstützung bei der Arbeit an der Zusammenstellung des Manuskripts.

Für die Erteilung der Abdruckgenehmigungen danken wir der Connewitzer Verlagsbuchhandlung („Das sonettarium"; „Will an deinen leib mich fügen"); dem Forum Verlag Leipzig („Vom haltbaren jonas"); dem Konkursbuch Verlag Claudia Gehrke („Die männlichen zeitalter"); dem Verlag Faber & Faber („Zwischen den untergängen"); dem Dr. Ziethen Verlag („und rotwein rauscht an meiner seele süden")

INHALT

5 Lesend die verse... (02)

8 Sturm (57; unveröff.)

WEGSUCHE (1961-1963)
13 Wegsuche (61; unveröff.)
14 Sonnenaufgang (62; unveröff.)
15 Gleisleger (62; unveröff.)
16 Aufstehn (63; unveröff.)
17 Diskussion (63; unveröff.)
18 Dorotheenstädtischer friedhof (63; unveröff.)
19 Kriegerbildnis (63; unveröff.)
20 Wie jonas leben (63; unveröff.)

KONTRADIKTIONEN (1964-1966)
23 Zweitgesicht des prometheus (64; unveröff.)
24 Aufmarsch (64; unveröff.)
26 Ballade von zwanzig jahren (64; unveröff.)
28 Elegie in buchenwald (64; unveröff.)
30 Terzinen der erlebten jahre (65; unveröff.)
32 Rummelplatz (65; unveröff.)
34 Elegie von einem freund (65; unveröff.)
37 Chronologische elegie (65; unveröff.)
41 Elegie vom schälen der zwiebeln (65; unveröff.)
42 Entwurf über den abend (66; unveröff.)

MÖGLICHKEITEN (1966-1970)
49 Ode an eine ziegelwand (66; unveröff.)
51 Möglichkeiten (67; unveröff.)
54 Frühling (68; unveröff.)
55 Stunde terrasse (68; Erstveröff. 75)
57 Einundzwanzig sätze über t. (68; Erstveröff. 75)

63 Von der genügsamkeit (68; Erstveröff. 75)
64 Prager brief (68; Erstveröff. 75)
65 Haussuchung (68; unveröff.)
66 Kamille (69; Erstveröff. 99)
67 Figurationen der farbe rot (69; Erstveröff. 75)
69 Keine erinnerung als die (70; Erstveröff. 99)

DIE WEISHEIT DES FLEISCHS (1971–1973)
73 Kleine heimkehr (71; unveröff.)
75 Glücklicher tag (71)
76 Rede an eine reichliche mahlzeit (71)
80 Die ulpa-frau aus rejkjavik (72; Erstveröff. 99)
82 Rimbauds ankunft (72)
83 So ein leben (72; Erstveröff. 75)
84 Gelbe fahrt (73)
85 Vom haltbaren jonas (73; Erstveröff. 99)
88 Verführung (73; Erstveröff. 99)
89 Du wirst es wieder sagen (73)
90 Bericht (73; Erstveröff. 77)
91 Etliche dichter (73)
92 Choral (73; Erstveröff. 77)
93 Klage des malers (73)
95 Geografie (73; unveröff.)
96 Auszug eines nahen mannes (73)
98 Verzweifelte rede (73)
100 Notat für tanzende paare (73)
101 Zwischenlied (73)

DAS GANZE HALBE LEBEN (1973–1976)
105 Bitte im frieden (74)
106 Genesis (74)
107 Die ausgezeichnete (74)
108 Versäumter sommer (74)
109 Rhododendron (74)
110 Liebeslied des Odysseus (74; Erstveröff. 99)
111 Das erste sonett (75)

112 Das zweite sonett (75)
113 Das dritte sonett (75)
114 Beängstigung (75)
115 Orpheus an eurydike (75)
116 Übergang (75)
117 Die gehäusefeier (75)
119 Beethovenstraße 2 a (75; Erstveröff. 95)
120 Nach einem aufenthalt (75)
121 Wanderers nachtlied (76; unveröff.)
122 Gemütlichkeit (76; unveröff.)
123 Zerbrochener mann(76)
124 Ach, wie lange schon (76; unveröff.)
125 Dialog im dreißigsten jahr (76)
126 Zu guter letzt (76)

RÜCKFALL NACH GUTENBERG (1976-1980)
129 Zieh aus, mein freund (76; Erstveröff. 99)
130 Neubauviertel (76; unveröff.)
131 Unterwegs (77; Erstveröff. 99)
132 Ohnmacht, oder die kunst gehört... (77; unveröff.)
133 Gegend bei wolfen (77; unveröff.)
134 Die andere landschaft (77; Erstveröff. 99)
135 Beispiel untypischen lebens (77; unveröff.)
136 Urlaubskarte (77; Erstveröff. 95)
137 Will an deinen leib mich fügen (77; Erstveröff. 99)
138 Nachtrag für 77 (78; unveröff.)
139 Angesichts der alten männer (78; Erstveröff. 99)
140 Zustand (78; unveröff.)
141 Aufstehn Zwo(78; unveröff.)
143 Oschatzer elegie (78; unveröff.)
144 Nach dem autounfall (78; unveröff.)
146 Beschreibung meines beinbruchs links (79; unveröff.)
147 Müdes gedicht (79; unveröff.)
148 An meine enttäuschten freunde (79; Erstveröff. 06)
149 Liebesgedicht gegen morgen (80; Erstveröff. 95)
150 Feier (80; unveröff.)

ABWARTEN UND TEE TRINKEN (1980-89)
153 Abwarten und tee trinken (82; unveröff.)
154 Der frieden (83; Erstveröff. 99)
155 Lied vom clown (83; Erstveröff. 99)
156 Unsre alltägliche macht (84; Erstveröff. 99)
157 Gegenlied zu „unsre alltägliche macht" (84; Erstveröff. 99)
159 Die preise flattern auf (84; unveröff.)
160 Und sage gar, was mein begehren ist (84; Erstveröff. 99)
162 Ach, freundin (85; Erstveröff. 99)
163 Unterwegs (85; Erstveröff. 99)
165 Da muß doch noch (86; unveröff.)
166 Regenbogen-Choral (86; Erstveröff. 99)
167 Wenn (86; Erstveröff. 99)
168 Wenn meine verse dunkel sind (86; unveröff.)
169 Der garten (87; Erstveröff. 95)
170 Ansprache an das nashorn (87; Erstveröff. 95)
171 Heimkehr des odysseus (88; Erstveröff. 99)
172 Rezept aus dem altertum (87; Erstveröff. 99)
173 Gedicht des gedichts (88; Erstveröff. 96)
174 September 89 (89; Erstveröff. 95)

NACH DER ÜBERFAHRT (1990-1999)
177 Überfahrt (90)
178 Markkleeberger elegie (90)
179 Arche der dinge (91)
180 Widerrede (95)
181 Tatort (93; unveröff.)
182 Schöne neue welt (92)
184 Die reise nach ägypten (93)
187 Stotterungen der wellen(94)
188 Malcesineer stanzen (93)
193 Wenn ich an georg maurer denk (93)
194 Wintergesellschaft (94)
195 Haftkrankenhaus für psychiatrie (95)
196 Venedig (96)

197 Goethe am see (96)
199 Ode an den Schwanz (96)
202 Als ich schon wußte (97)
203 Widerrufliche ermutigung (97)
205 Utopia (97)
206 Notate zu einem satz von klaus mann (98)
209 Die schlehe (98)
210 Der garten d'annunzios (99)
212 Die umwege der augen (99)

IMMER NOCH, EWIGLICH (2000-2006)
215 Rangsdorfer elegie (2000)
216 Umgang (2000)
217 Hohenossiger elegie (2000)
219 Gedächtnis (01)
220 Der kirschbaum (01)
221 Immer noch, ewiglich (02)
223 Nachricht (02; unveröff.)
224 Abdankung der dichter (02)
225 Arbeitslos (03)
226 Dialog(03)
227 Großes liebesgedicht für dieter (04)
228 Garten nach jahr und tag (05; unveröff.)
230 Befreiung (05)
231 Tübinger notat (06; unveröff.)
232 Nach dem wetterbericht (06; unveröff.)
235 Vor-angst (06; unveröff.)
236 Da kann ich mir ja gratulieren (06; unveröff.)
237 Der große wir (06; unveröff.)

239 NACHWORT

239 SELBSTAUSKÜNFTE, FRAGMENTARISCH

246 ZU DIESER AUSGABE

2007
© Mitteldeutscher Verlag GmbH, Halle (Saale)
Alle Rechte vorbehalten
Printed in the EU

ISBN-10 | 3-89812-411-8
ISBN-13 | 978-3-89812-411-9

www.mitteldeutscherverlag.de